KB205295

창세기 설화

헤르만 궁켈 지음

진규선 옮김

창세기 설화

초판1쇄   2020.07.14.
지은이   헤르만 궁켈
옮긴이   진규선
편집   이영욱
교정교열   김덕원 김성우

발행인   이영욱
발행처   감은사
전화   070-8614-2206
팩스   050-7091-2206
주소   서울시 강동구 암사동 아리수로 66
이메일   editor@gameun.co.kr

ISBN   9791190389105
정 가   16,500원

이 도서의 국립중앙도서관 출판예정도서목록(CIP)은 서지정보유통지원시스템
홈페이지(http://seoji.nl.go.kr)와 국가자료종합목록시스템(http://www.nl.go.
kr/kolisnet)에서 이용하실 수 있습니다. (CIP제어번호 : CIP2020026108).

Die Sagen der Genesis

Hermann Gunkel

아돌프 하르낙(Adolf Harnack)에게

1. 이 한국어판에서 "설화"로 번역된 것은 독일어 "자게"(Sage)입니다. 독일어 사전(Duden)의 정의에 따르면, Sage란, "원래 보증할 수 없고, 비범하고 때론 기적적인 사건을 세세하게 구전으로 전달한 보고"(ursprünglich mündlich überlieferter Bericht über eine im Einzelnen nicht verbürgte, nicht alltägliche, oft wunderbare Begebenheit)입니다. 궁켈은 자게를 하나의 문학 단위를 지칭하는 용어로 사용하지만, 안타깝게도 이에 해당하는 적절한 한국어 용어를 찾기는 매우 어렵습니다. 궁켈이 말하는 Sage는 다음의 조건을 만족해야 합니다. (1) 산문이 아닌 운문(시 문학)이자, (2) 기록이 아닌 구전으로 전달된, (3) (때로 어떤 사실에 의거하고 있더라도) 사실이 아닌 꾸며낸 이야기. 이에 해당하는 것은 '고려가요'(고려속요) 정도가 적합할 듯 하지만, 세부적인 특징에 있어서는 Sage와 간극이 존재합니다. 또한 이것이 고려시대의 것은 아니기에, '고려'를 빼고, '가요' 내지 '속요'라고 옮긴다면, 의미가 모호해질 우려도 있습니다. 영어로는 전설(legend)로 번역되면서 많은 학자들의 뭇매를 맞기도 했지요. 한국어로는 다양하게 번역되어 왔는데, 한 예로, "사가"(Saga)가 그것입니다. 하지만 사가는 산문이고 기록을 목적으로 한 그리고 거대서사인 반면, Sage는 단순히 말에서 말로 전달되어 온 그리고 작은 이야기들입니다. 신화(Mythos)나 전설(Legende), 이야기/역사(Geschichte), 이야기/내러티브(Erzählung), 동화(Märchen) 등의 단위들은, 궁켈이 Sage와 구분하여 사용하기에一가끔 (당연하겠지만) 더욱 큰 문학 단위(예, Erzählung)나 더 작은 문학 단위(예, Mythos)를 Sage로 표현하기도 합니다만一저 용어들로 옮기기는 쉽지 않습니다. 민담이라고 하기에는 Volkssage라는 용어가 따로 있고, 가십(Rederei)이나 소문/항설(Hörensagen), 풍습(Gerücht)은 원래 Sage의 의미와 거리가 있습니다. 이에 Sage를 '설화'로 옮깁니다. 설화에도 종류가 다양하지만, 본서에서 지칭하는 것은 거대한 이야기가 아니라 민담과 같이 소소한 것이자, 문헌설화가 아닌 구비설화이며, 산문설화가 아닌 운문설화입니다.

1. 이 한국어판은 궁켈의 『창세기 주석』 제3판(1910 = 제9판 1977) 서론, 곧 "창세기 설화"(Die Sagen der Genesis)를 번역한 것입니다.
2. 본문에서 "Gunkel, 쪽수"로 표기된 것은 창세기 주석의 쪽수를 가리킵니다.
3. 각주 형식은 원서를 따랐습니다(예, 이텔릭 유무, 약어 등).
4. (120년 전) 원서에 나타나는 구두점 대쉬(—)는 앞 문장과의 분리를 뜻합니다. 이에 모두 줄바꿈(새로운 단락)으로 표현했습니다. 아울러 한국어판에 나오는 구두점 대쉬(—)는 편집자가 첨가한 것으로 단순 강조를 뜻합니다.

학술저널

ARW	Archiv für Religionswissenschaft
BA	Beiträge zur Assyriologie
DLz	Deutsche Literaturzeitung
GGA	Göttinger Gelehrte Anzeigen
HW	Riehms Handwörterbuch des biblischen Altertums 1884
KAT³	Keilinschriftliche Bibliothek
MDOg	Mitteilungen der Deutschen Orientgesellschaft
OLz	Orientalistische Litteratur-Zeitung
RE	Herzogs Realencyclopädie
RGG	Religion in Geschichte und Gegenwart I 1909
StGThK	Studien zur Geschichte von Theologie und Kirche
ThLbl	Theologisches Literaturblatt
ThLz	Theologische Literaturzeitung
ThStKr	Theologische Studien und Kritiken
ThT	Theologisch Tijdschrift
ZA	Zeitschrift für Assyriologie
ZAW	Zeitschrift für alttestamentliche Wissenschaft
ZDMG	Zeitschrift der Deutschen Morgenländischen Gesellschaft
ZDPV	Zeitschrift des Deutschen Palästina-Vereins
ZNW	Zeitschrift für neutestamentliche Wissenschaft

단행본

Ball	Ball, Book of Genesis in Hebrew 1896
Benzinger²	Benzinger, Hebräische Archäologie, 2. Aufl. 1907
Budde	Budde, Urgeschichte 1883
Cheyne	Cheyne, Traditions and Beliefs of Ancient Israel 1907
Delitysch, Franz	Franz Delitzsch, Neuer Commentar zur Genesis 1887
Dillmann	Dillmann, Genesis, 6. Aufl. 1892
Driver	Driver, Book of Genesis, 4 ed. 1903
Eerdmans	Eerdmans, A.T.iche Studien I 1908
Eerdmans II	Eerdmans, A.T.liche Studien II 1908

Ehrlich	Ehrlich, Randglossen zur hebräischen Bibel I 1908 (benutzt von S. 162 an)
Enc Bibl	Encyclopaedia Biblica
Enc Brit	Encyclopaedia Britannica
Frankel	Frankel, Über den Einfluß der palästinensischen Exegese auf die alexandrinische Hermeneutik, Leipzig 1851
Gesenius[14]	Gesenius-Buhl, Hebräisches Handwörterbuch, 14. Aufl. 1905
Greßmann	Greßmann, Ursprung der israelitisch-jüdischen Eschatologie 1905
Guthes BW	Guthe, Kurzes Bibelwörterbuch 1903
Haller	Haller, Religion, Recht und Sitte in den Genesissagen 1905
Holzinger	Holzinger, Genesis 1898
Jeremias ATAO[2]	Alfred Jeremias, Das A.T. im Lichte des alten Orients, 2. Aufl. 1906
Kautzsch[3]	Kautzsch, Helige Schrift des A.T. 3. Aufl. I 1909.
Kautzsch-Socin[2]	Kautzsch und Socin, Genesis mit äußerer Unterscheidung der Quellenschriften, 2. Aufl.
Kittel	Kittel, Biblia Hebraica I 1905
v. d. Leyen	von der Leyen, Zur Entstehung des Märchens im Archiv für das Studium der neuereu Sprachen und Literaturen CXIII 249ff., CXIV 1ff., CXV 1ff., 273ff., CXVI 1ff., 282ff.
Meinhold	Meinhold, Biblische Urgeschichte 1904
Ed. Meyer I[2]	Ed. Meyer, Geschichte des Altertums I, 2. Aufl. 1909
Olshausen	Olshausen, Beiträge zur Kritik des überlieferten Textes im Buch Genesis, Mitteilungen der Berliner Akademie der Wissenschaften, Juni 1870
Procksch	Procksch, Nordhebräisches Sagenbuch 1906
Reuß	Reuß, Das A.T. III 1893
Roscher, Lex.	Rosche, Ausführliches Lexikon der griechischen und römischen Mythologie
Siegfried-Stade	Siegfried und Stade, Hebräisches Wörterbuch 1893
Sievers	Sievers, Metrische Studien I 1901 II 1904, 1905
Spurrell	Spurrell, Notes on the Text of Genesis 1896
Strack	Strack, Genesis 1897

옮긴이의 말

이 책은, 100년 전의 독일 구약학자인 헤르만 궁켈의 창세기 주석의 서론을 우리말로 옮긴 것이다. 혹자는 이런 생각을 할 수 있다.

'왜 100년 전의 책을 옮겼을까?'
'왜 전부가 아니라, 그것도 하필이면 서론을 옮겼을까?'

이 두 가지 질문에 각각 답하자면, 100년이 지난 지금에도 여전히 중요하고 배울 것이 있는 학문적 가치가 있을 뿐만 아니라, 또한 서론이 본문만큼이나 중요하기 때문이다. 특히 후자의 경우, 생각하기에 따라서 본문보다 더 중요할지도 모르겠다. 신학에서 주석이라는 책의 종류의 서론은 저자가 한 문장씩 살펴보려는 내용에 대한 포괄적인 이해와 연구 방법론 등을 담고 있다. 실제로 그것을 증명하듯, 궁켈의 창세기 주석의 서론은, 9판을 기준으로 약 100쪽에 달한다. 게다가 비록 한 문장씩은 아니지만 개략적으로 창세기 전체의 내용을 다루고 있기 때문에 서론 자체만으로도 이미 훌륭한 신학 연구 서적이라 할 수 있다.

구약학자로서 창세기에 대한 궁켈의 입장은, 어떤 신학적, 철학적 명제가 아니라, 창세기라는 책, 그 자체에 대한 그의 엄격하고 세밀하고 신중한 분석으로부터 도출된 것이다. 궁켈의 이러한 시도를 이해하기 위해서는 간략하게 그의 시대적 학문 맥락을 살필 필요가 있는데, 그는 두 개의 주요한 방법론에 영향을 받았다. 하나는 독일의 언어학자이자, 민중들 가운데 떠돌던 이야기들을 모으거나 혹은 때로는 창작하여 자신들의 이름을 포함시켜 동화책을 엮은 것으로 유명한 그림 형제(야곱 그림과 빌헬름 그림)의 것이며, 또 다른 하나는 구약학계에서는 소위 문서설로 잘 알려진 율리우스 벨하우젠의 것이다.

1816년 독일에서 그림 형제는 독일설화(Deutsche Sagen)라는 시리즈 책 머리말(Vorrede)에, '설화의 본질'(Wesen der Sage)이라는 소제목을 자그맣게 달고, '동화'(Märchen)와 '설화'(Sage)의 차이점을 다음과 같이 말했다.

> 동화들(Märchen)은 어떤 부분을 보면 외부 분포를 통해, 또 다른 부분을 보면, 어린아이처럼 세계를 바라보는 순수한 사유를 파악하는 자체적인 특징에 의해 결정된다. 즉 동화는 아무런 현

실적인 고민없이 즉각적으로, 마치 부드럽고 맛있는 우유처럼 혹은 달콤하고 배를 채워주는 꿀 같이 영양을 공급해준다. 그에 비해 설화들(Sagen)은 보다 단단한 음식을 내어놓는데, 더 단순하면서도 확고한 색을 입고, 훨씬 더 진지함과 반성을 요청한다. (Deutsche Sagen:Brüder Grimm, Berlin, 1861, VII).

그리고 또한, 그림 형제는 계속해서, 어린이들은 동화의 현실성에 대한 믿음을 멈추지 않고, 대중 역시도 설화에 대한 믿음을 완전히 포기한 것은 아니라고 덧붙인다(같은 책, VIII). 이러한 그림 형제의 통찰력은 성서 연구를 하던 사람들에게 분명히 큰 영향을 미쳤고, 궁켈도 예외는 아니었다. 궁켈은 창세기의 장르를 역사나 동화나 신화나 전설이라기 보다, 다름 아닌 바로 저 설화로 본 것이다. 고대 역사는 주로 위대한 왕들의 이야기를 다루지만(예를 들면 사무엘기나 열왕기), 창세기는 아니다. 신들을 다루는 신화라고 하기에는 너무 인간 중심적이다. 사가(종종 Sage를 Saga와 혼동하는 경우가 있지만 둘은 엄연히 구별된다) 혹은 전설이라고 하기에 창세기의 이야기는, 주인공이 불분명하거나 혹은 스케일이 작다. 동화라고 부르기에, 어린이에게 부적합한 내용이 너무 많다. 그렇다면 창세기를 도대체 무엇이라 불러야 할까? 궁켈에 의하면 '설화'야말로 창세기의 이야기들에 가장 들어맞는 장르인 것이다.

동시에, 궁켈은 구약 학계의 가장 위대한 혁신을 가져온, 율리우스 벨하우젠의 방법론을 넘어서려고 했다. 율리우스 벨하우젠은 시대마다 구별되는 여러 자료들이 창세기에 사용되었음을 입증하려고 노력했고, 신의 이름이나 자료의 특성에 따라 문서들을 넷으로 구별했다. 바로 야훼 문서(J), 엘로힘 문서(E), 신명기 문서(D), 제사장 문서(P) 등이다. 그러나 궁켈이 볼 때, 벨하우젠의 이론은 불완전했다. 그의 연구에는 창세기가 문서로 존재하기 이전, 곧 구전에 대한 연구도, 보다 더 엄격한 이야기의 양식(형식 또는 장르)에 대한 분석도, 더 나아가 이러한 발전 단계에 대한 이해도 부족했다. 이것을 지적하고, 직접 스스로 구약 연구에 뛰어든 궁켈의 시도는 분명히 큰 성취를 이루었다(초기 궁켈은 신약을 연구했다).

하지만 안타깝게도 지금까지 헤르만 궁켈의 책이 우리말로 번역된 적이 없었다. 비록 그의 연구에 대한 소개는 어느 정도 알려졌을지라도, 누군가의 이론을 단순히 요약의 형태로 접하는 것 혹은 일부 키워드로만 고정관념을 갖고 대하는 것은, 때때로 편리하지만, 때때로는 그 유익함마저도 얻지 못하게 만드는 것은 아닐까? 스위스 신학자 발터 바움가르트너는 한 논문집에 궁켈 탄생 100주년을 기념하는 글을 기고했는데 (BAUMGARTNER, WALTER. "ZUM 100. GEBURTSTAG VON HERMANN GUNKEL". In ZUM 100. GEBURTSTAG VON HERMANN GUNKEL, [Leiden,

The Netherlands: Brill, 1963]), 거기서 그는, "궁켈은 자신이 그 연구에 얼마나 많은 새로운 것들을 가져왔는지 잘 알고 있었"으며, "모든 학문의 진행에 대해서도 너무 잘 알고 있었"다고 말했다. 그러나 계속해서 바움가르트너는 "학문이 또한 그를 뛰어넘을 것이고 또한 뛰어넘어야 한다"고 말했다. 즉, 우리가 실제로 궁켈을 읽으며 씨름하고 마침내 그를 뛰어넘을 때, 비로소 진정으로 100년의 발전을 성취했다고 말할 수 있을 것이다.

헤르만 궁켈의 창세기는 초판과 개정판, 개정3판으로 발전했다. 이후 9판까지 출판되긴 했으나, 내용은 1910년의 개정3판에서 달라진 것은 없다. 나는 개인적인 흥미를 갖고, 또한 공부하는 마음으로 궁켈의 창세기 주석 서론을 번역하며, 초판과 3판을 번갈아 읽어 보았다. 궁켈이 3판 머리말에서 밝혔듯, 서론에 한해서 정말로 철저한 수정이 감행되었으며, 개입이 이루어지지 않은 지면이 거의 없음이 과장이 아님도 확인했다. 예를 들면, 궁켈은 더 나은 책을 만들기 위해 초판의 어떤 내용을 학문적 교차 검증 이후 3판에서는 삭제하거나, 혹은 동일한 내용을, 뉘앙스를 바꾸어 다른 부분에 배치하거나, 때로는 자세한 각주를 추가했다.

이와 같이 공들여 쓰인 궁켈의 창세기 연구서를 읽을 수 있도록 번역과 출판을 기획한 감은사의 이영욱 대표님께 감사의 말을 전한다. 이영욱 대표님의 안목과 용기가 없었더라면 이 책은 우리말로 소개되지 못했을 것이다. 이 책을 번역하자고 제안을 해주신 분이 바로 이영욱 대표님이기 때문이다.

마지막으로 궁켈의 독일어 문장 그 자체로 인해, 혹은 그가 가진 배경 지식의 방대함으로 인해 그의 글을 번역하는 것이 쉽지 않았다. 번역에 최선을 다했으나, 미흡한 부분은 피할 수 없을 것이라 짐작해 본다. 그럼에도, 궁켈의 글을 찬찬히 음미하다보면, 창세기에 대한 새로운 세계를 발견할 수 있으리라 믿어 의심치 않는다.

2020년 6월 2일, 뮌헨에서,

진규선

제3판(1910) 서문

제3판에서는 수 년 간의 힘든 작업을 통해 철저한 수정을 감행했다. 어느 정도의 개입이 이루어지지 않은 지면은 거의 없으나 그렇다고 해서 완전히 새로운 얼굴을 갖게 된 지면이 있는 것도 아니다. 나는 이전에 내가 했던 것처럼 대표적인 견해를 거의 밝힌 바 없고, 암암리에 스스로 옳다고 여기는 바를 심어 놓는 것에 만족했다. 특별히 민속적인 자료와 설화의 역사와 관련된 광범위한 자료가 추가되었다. 따라서, 내가 생각할 때 『창세기 주석』의 전체 정신은 그대로 유지되나, 동시에 완전히 새로운 책이 되었다.

인쇄의 긴 기간 동안 발생한 모든 사소한 불협화음에 사과를 드린다. 이에 대한 나의 최종적 입장은 지난 번에 인쇄된 "서론"에 명시되어 있다.

각 장마다 조언을 아끼지 않으며 나에게 많은 도움을 준 동료들과 친구들, 특히 라이프치히의 친한 친구인 침머른(Zimmern)

교수와 베를린의 그레스만(Greßmann) 교수에게 감사를 표한다. 게다가 인쇄 과정이 느리게 진행되면서 인내를 가져야 했던 출판사에게도 동일한 감사의 말을 전한다.

나의 문학사적 연구에 관한 정보에 대하여 알기를 원하는 사람은 민속본인 『엘리아스, 야훼, 바알』(Elias, Jahve und Baal, 1906)을, 『독일 평론』(Deutschen Rundschau XXXII, 1905, 1ff.)의 룻에 관한 에세이를, 그리고 『문화와 현재』(Kultur der Gegenwart I 7, 1906, 51ff.)에 있는 "이스라엘 문학"(Israeltische Literatur)과 "역사와 현재의 종교"(Religion in Geschichte und Gegenwart)의 다양한 에세이들을 참고하라. 구약 연구자들이 문학사적 문제로 인해, 또한 이야기의 영역에도 관여하고 있는 그들에게 얼마나 엄청난 과제가 주어져 있는지 깨닫기까지 얼마나 걸릴 것이며, 헤르더의 유언은 또 언제쯤 시행될 수 있을까?

관련 지식이 있는 독자라면 왜 내가 옌젠(Jensen)의 『세계문학 안에 나타난 길가메쉬 서사시』(Gilgamesch-Epos in der Weltliteratur, 1906), 뵐터(Völter)의 『이집트와 성경』(Ägypten und die Bibel, 4. Aufl., 1909)의 가정들을 인정하지 않았는지 이해해 줄 것이다. 또한 메르커(Mercker)의 『마사이 부족』(die Masai, 1904)에서 보고되는 이른바 마사이족의 기원 사화도 나는 인용하지 않았다. 성서의 사화들이 이러한 마사이 이야기들 및 그 본문에 강한 영향을 미쳤다는 것을 부인하기는 힘들어 보인다. 또한 나는 지페르스(Sievers)

등에 의해 제안된 "운율적인"(metrischen) 근거들에 기반한 본문 변경을 객관적으로 설득력 있는 근거가 뒷받침될 때에만 언급했다. 모든 신학 스승들 중 내게 가장 많은 것을 가르쳐주고 수십 년 동안의 나의 연구에 늘 친절함을 베풀어 주었던 내게 가장 친밀한 아버지에게 본서를 헌정한다.

1910년 2월, 기센에서,

헤르만 궁켈

초판(1901) 서문

　　본 주석은 가능한 한 학생들과 연구자들의 관심사에 봉사하기 위해, 또한 현직 성직자나 혹은 창세기에 관하여 지도를 받기를 원하는 비신학 전공자들의 필요를 염두에 둔 것이다. 이러한 조합이 가능한 이유는 궁극적으로 이 모든 집단이 (자신들 스스로를 제대로 이해한다면) 여기서 공통의 관심사를 갖고 있으며, 그들 모두 창세기가 실제로 말하는 것이 무엇인지 또 그 이야기들은 어떻게 이해될 수 있는지 알기를 원하기 때문이다. 창세기 주석들은 전통적으로 다양한 설명으로 가득 차 있다. 예컨대, 문예 비평, 본문 비평, 고고학, 문법적인 내용 등 각양각색의 것들이 선택되어 사용된다. 이 모든 내용은, 때때로는 매우 짧을지라도, 본 주석에서도 찾아볼 수 있다. 그러므로 문예 비평과 관련하여 나를 더 이상 문예 비평의 적이라고 오해해서는 안 된다(지금까지 여러번 그래왔지만, 나의 생각에 이것은 얼토당토않다!). 문예 비평을 포함한 이 모든 것은 그저 구약 해석을 위한 예비 작업일 뿐이다. 나의 흔들리지 않을 진정한 그리고 궁극적 목표는 언제나 구약의 의미에 대한 해설로 남아있다. 내가 볼 때, 지금이 이 문제를 다룰 적기인 것 같다. 우리의 연구 상황은 지난 수십 년간 중대한 전환을 맞이했다. 우리의 작업을 신뢰하며 또한 우리로부터 구약 성서의 본래의 의미를 배우기를 갈망하는 많은 신학자들과 또한 평신도들이 있다. 그러나 우리는 이러한 신뢰를 얻기에 마땅하다는 것을 우리 스스로 입증해야만 한다. 우리는 단지 지적인 설명을 쌓아올리는 데 그칠 것이 아니라, 그 모든 것을 통해 구약의 사람들과 특별히 그들의 종교에 대한 내면적 공감을 불러일으키는 참된 이해로 스며들어가야 한다. 스스로를 신학자라 부르는 사람은 종교를 연구해야만 한다. 즉, 다른 모든 것은 그 사람에게는 부차적이 되어야 한다. 구약을 단지 언어학적, 고고학적, 혹은 '비평적'으로만 취급하는 것은 부적절하다. 그렇기에 이 주석이 다음과 같이 이해되기를 바란다. 곧, 이 주석에는 결코 없어서는 안 될 다양한 많은 설명이 있으나, 강조점은 그것들이 아니라, 창세기와 특별히 창세기의 종교의 의미에 대한 묘사에 놓여있다는 것이다.

나는 때때로 주석의 특정 부분들에서 특정 개별 집단들을 염두에 둘 텐데 그것은 당연한 것이다. 일차적으로는 연구자를, 그리고 학생들을, 그 다음 기타 집단을 겨냥한다. 후자의 경우는 몇몇 단락들을 확인하려는 일반적인 관찰자들로 고려된다.

또한 결과를 요약하고 개괄적인 이해를 돕기 위한 "서론"(Einleitung: 본서[한국어판]를 지칭—편주)에서 히브리어 사용을 가급적 피했다. 문화사가, 미학자, 설화 연구자(Sagenforscher) 등이 내 주석을 직접 손에 들고, 특별히 현직 신학자와 종교 교사가 이를 사용하여 창세기의 원래의 의미로 나아갈 수 있게 된다면, 나는 매우 보람을 느낄 것이다.

구약 연구자들을 위해서는, 각 장 처음에 자료 비평을 다루었다.

학생들의 관심사와 관련하여 또한 동시에 이 주석의 주된 목적이 흐려지지 않게 하기 위해서 '전문 자료'는 어느 정도 제한적으로만 언급된다. 그런 연유로 참고문헌, 특별히 해외 참고문헌은 절제되었고, 각 단락들에 대한 다른 견해들은 내가 특별히 고려할 만한 가치가 있거나 혹은 특별하다고 판단되는 경우에만 언급된다. 또한 내가 틀렸다고 생각하는 견해들이나 추론들도 언급되지 않는다. 광범위한 문헌 중에서 많은 것을 알 수 있게 해준 것들 중 내가 깜빡한 것이 있을 수도 있다. 이 주석은 주해의 참고문헌 목록과 달리 '본문 비평장치'(textkritischen Apparat)를 지나치게 제공하지는 않는다. 오히려 이 주석은 최소한의 판독을 통해서 전통적인 본문보다 더 선호되거나 아니면 적어도 그와 나란히 고려되어야 할 독법만을 제공한다. 또한 학생들의 필요에 따라 요구되는 것으로 보이기도 했고, 또한 학문적으로도 정당화된다고 생각하는 것이 있는데, 곧 창세기의 전승된 본문은 비교적 소수의 단락에서만 우리를 통해 개선될 수 있다는 점이다. 또한 고고학이나 백과사전 등의 내용에 따라 나는 스스로에게 큰 제한을 가했다. 문법과 관련해서 나는 가장 널리 사용되는 카우치(Kautzsch)의 문법서의 각 섹션(§§)을 간단히 언급했다. 또한 나는 학생들에게 상기시켜주고 싶은 것이 있는데, 이 주석을 순서대로 살펴보는 것은 비실용적이라는 점이다. 초보자라면 아브라함 사화(Abrahamgeschichten)로부터 먼저 시작하고, 그리고 창세기를 어느 정도 이미 읽은 상태라면, 그제서야 비로소 "서론"(본서를 지칭—편주)을 연구하라고 조언하고 싶다.

이 주석의 독특성은, 이것의 주된 목적이 색인으로 사용되는 것이 아니라, 읽히는 데 있다.

고유명사 표기는 낯설 수도 있다. 음성학적으로 바르게 표기하려고 노력했지만, 다른 한편으로 히브리어에 익숙하지 않은 사람들을 염두에 두어야 했기에 가장 잘 알려진 고유명사의 일반적인 어형에서 너무 벗어나지 않아야 했고, 또한 특수 문자(š나 ḥ)를 사용하지 않는 문장 유형들을 사용하고자 했다. 게다가 인쇄에 1년 이상이 걸리기도 했다. 하지만 나는 고유명사들을 오해할 거라고는 걱정하지 않는다.

마지막으로 나는, 독자들이 '아마도', '혹시', '~일 수 있다', '~일지도 모른다' 등과 같은 표현들을 간과하지 않기를 바란다.

나는 개연성, 가능성, 확실성의 다양한 등급을 각각의 주장에서 구별하려고 애썼다. 특히 초보자나 평신도들에게 경고하고 싶은 것은, (나만 그렇게 보는 것이 아니라) 가설에 불과하며 내가 그렇게 명시적으로 가설이라고 표현한 자료 구별들을 너무 쉽게 결과물로 채택하지 말라는 것이다.

나에게 제기되는 (내가 베른하르트 슈타데[Bernhard Stade]와 함께 말할 수 있는) 우선권 주장을 나는 스스럼없이 인정한다.

많은 친구와 학생이 퇴고와 수정을 도와주었다. 라이프치히의 침머른(Zimmern) 교수는 바벨론 자료들을 검토했고, 또 책에 명시적으로 언급되지는 않았지만, 귀한 조언을 덧붙여주었다(전문가라면 쉽게 찾을 수 있을 것이다). 나의 오랜 작업에 지속적으로 기꺼이 참여해준 모든 분께 감사의 말씀을 드린다.

모든 신학 스승들 중 내게 가장 많은 것을 가르쳐주고 수십 년 동안의 나의 연구에 늘 친절함을 베풀어 주었던 내게 가장 친밀한 아버지에게 본서를 헌정한다.

1901년

H. 궁켈

제1장
창세기는 설화의 모음집이다

* Eduard Wilhelm Eugen Reuss (1804-1891), Das alte Testament III 57ff.;
Geschichte der heiligen Schriften A. T. 130ff. Ernst Sellin (1867-1946), Bib-
lische Urgeschichte 14ff.

1. 창세기(즉, 모세의 첫 번째 책)는 역사(Geschichte)를 이야기하는
가, 아니면 설화(Sage)를 이야기하는가? 이 질문은 현대 역사가
에게는 더 이상 질문거리가 아니다. 그럼에도 현대의 입장을 명
확하게 설명하는 것이 가치 없는 일은 아닐 것이다.

역사 서술은 인류 정신의 타고난 기술이 아니라, 오히려 인
류 역사의 과정 중, 그 발전의 어느 한 특수한 시점에 발생한 것
이다. 문명화되지 않은 민족들은 역사를 쓰지 않는다. 그들은
자신의 경험을 객관적으로 재현할 능력을 갖추고 있지 못하며,
자신의 시대에 일어났던 일들을 확실한 신뢰성을 바탕으로 후

대에 전달하는 데에도 관심이 없다. 그들이 경험하는 것은 슬쩍
변색되고, 경험과 환상은 뒤섞인다. 오직 시의 형태 안에서, 노
래와 설화 속에서 그들은 역사적 사건들을 묘사할 수 있을 뿐이
다.

일정 문화 수준에 이르러서야 비로소 객관성이 그 정도로
자라며, 후대에 겨우 자신들의 고유한 경험을 전하려는 충동이
그토록 크게 일어나, 그로 인해 일종의 역사 서술도 발생할 수
있다. 그러한 역사 서술은 위대한 공적인 사건들, 즉 민족 지도
자나 왕들의 사건, 특히 전쟁과 같은 것을 그 내용으로 삼는다.
그러므로 역사 서술은, 그것의 발생 이전에, 어떤 형태로든지
조직화된 국가를 전제로 한다.

훗날, 때로는 아주 먼 훗날 인류가 국가의 역사에서 배운 그
러한 역사 서술의 기술은 인간 생활의 다른 영역으로 옮겨갔다.
즉, 회고록이나 가족사에도 적용된 것이다. 그러나 민족의 대다
수 계층은 그러한 엄격한 역사에 등극하지 못했고, 언제나 설화
(혹은 현대의 비유) 수준에 머물렀다.

따라서 우리는 고대의 문명 민족들 가운데서 두 종류의 전
혀 다른 역사 전승을 발견한다. 곧, 엄격한 역사 기술과 그와 나
란한 민간 구술 전통이다. 후자는 소재는 같으나 민간 시적 방
식으로 다루어지기도 하고, 혹은 더 옛날의 선사 시대와 연결되
기도 한다. 그와 같은 민간 구술전승들 속에서, 비록 시적인 형

태라 할지라도, 그 안에서 역사적 기억들이 보존될 수 있다.

2. 이스라엘 내에서의 역사 기술 발생도 별반 다르지 않다. 창세기가 전해지던 바로 그 시대에, 이스라엘 안에도 고대의 표준에 따라 오랜 세월 발전해온 역사 기술이 있었는데, 다른 것들과 마찬가지로 여기서도 왕들의 실적, 특히나 전쟁이 다루어졌다. 소위 사무엘하의 이러한 이야기들은 역사의 기념비라 불리운다.[1] 하지만 당시 설화도 이스라엘처럼 시적으로 재능있는 민족 가운데 자리잡았음이 분명하다. 설화를 거짓말로 오해하게 된다면, 구약 속의 설화를 받아들이는 데 주저하게 될지도 모른다. 그러나 설화는 '거짓말'이 아니라, 특별한 시의 일종이다. 설화(여기에서 이 단어는 흔히 사용되는 의미로부터 벗어나지 않는다)는 민간 구술을 통해 옛적부터 전해내려오던 시적인 이야기로서, 과거의 인물이나 사건을 다루는 것이다. 만약 구약 종교의 숭고한 정신이 그토록 많은 문학 장르를 사용했다면, 이것이 안 될 이유는 무엇인가? 오히려 그 종교에서 볼 수 있듯, 이스라엘의 시와, 시적 이야기는 그 종교의 중심에 자리잡고 있다. 왜냐하면 시적 이야기가 산문보다 일반 사유 및 종교적 사유에 대한 더 나은 운반대가 될 수 있기 때문이다. "설화들은 연대기나 역사

---

1. RGG에 내가 기고한, "Geschichtsschreibung im A.T." 항목을 참고하라.

보고와는 비교될 수 없을 정도로 훨씬 더 깊이 있는 것, 열정적인 것, 또한 참된 것이다. 모든 브루고뉴의 왕들 중에서 지크프리트(Siegfried)와 크림힐트(Chriemhild)에 대한 가장 길고 신뢰할 만한 연대기가 우리에게 무엇일까?"[2] 그리고 창세기는 왕들에 관한 책들보다 훨씬 더 종교적이다. 구약에 설화가 존재한다는 것은 분명하다. 예컨대, 삼손과 요나를 떠올려보라. 따라서 이것은 믿을지, 믿지 않을지의 문제가 아니라, 창세기의 이야기들이 역사인지, 설화인지에 하는 지식과 관련된 질문이다.

어떤 이들은 예수와 사도들이 이 이야기들을 명백한 사실로 여기고, 시([시] 문학적인 것—편주)로는 여기지 않았다고 반론을 제기할 수도 있다. 그러나 신약의 사람들은 그러한 질문에 특별한 입장을 가진 적이 없고, 단지 당시 생각들을 공유했을 뿐이다. 그러므로 구약의 문학사에 대한 질문과 관련하여, 우리는 신약으로부터는 그 어떤 해명도 얻으려 해서는 안 된다.

3. 설화와 역사는 각각 그 기원과 성격에 있어서 다르기 때문에, 서로 구별을 시켜주는 많은 특징이 있다.

주요한 특징 중 하나는, 설화는 본래 구전으로 전해진 것인데 비해 역사는 기록물로 존재하도록 의도되었다는 점이다. 즉,

---

2.   Paulsen, Deutsche Schule 1901, 139.

둘다 성격상 각기 두 개의 다른 장르에 기초한다. 설화는 그러한 쓰기를 고려하지 않는 집단의 전승이다. 그러나 역사는 글쓰기 연습을 전제로 한 학문 영역의 일종이다. 동시에 전통의 기록은 그것을 고정하는 역할도 한다. 그러나 구전은 장기간 존속할 수 없으므로 역사를 충분히 담아낼 수 있는 그릇이 될 수 없다. 이제 창세기는 마지막 구술 전승 기록을 담고 있다는 것이 분명해졌다. 조상 이야기들은, 조상들 스스로가 원하는 방식으로 기록된 것처럼 보이지 않는다. 오히려 많은 단락에서 조상과 화자 사이에 놓인 거대한 시간적 간격이 분명하게 드러난다 (19:38의 "오늘날"; 36:31의 "이스라엘 자손을 다스리는 왕이 있기 전에 에돔 땅을 다스리던 왕들은"; 12:6의 "그 때에 가나안 사람이 그 땅에 거주하였더라"; 13:7의 "가나안 사람과 브리스 사람도 그 땅에 거주하였는지라"와 같은 문장은 그 민족이 이미 사라진지 오래였던 때에 기록되었을 것이 분명하다). 그러나 특히 이야기 전체의 문학 양식은 (이어지는 장[§3,4]에서 볼 수 있듯) 구두 전승 (mündlichen Überlieferung)의 전제하에서만 이해될 수 있다. (차후 §4,4에서 다루어질) 다양한 변형에서 이 실상이 더욱 선명하게 될 것이다. 만약 이것이 선사 시대부터 퍼져있던 구두 전통(mündliche Tradition)이라면, 창세기가 포괄하는 내용은 앞서 말한대로 설화이기도 하다.

4. 둘을 구별시켜주는 또 다른 특징은 설화와 역사가 활동

하는 영역이다. 역사의 실제 대상은 거대한 공적인 사건이다. 역사가가 개인사에 대해서 말할 때는, 그것이 오직 공적인 일과 관계될 때이다. 그러나 설화는 민중이 관심을 갖는 일, 인물이나 개인사에 대해서 이야기하며, 정치적 사건이나 인물들에 관해서도 그것들을 민중의 관심사와 연결지어 이해하는 것을 좋아한다. 역사는 반드시 무슨 이유로 어떻게 다윗이 이스라엘을 블레셋으로부터 해방시킬 수 있었는지를 이야기해야 했다. 그러나 설화는 다윗이 어린 시절에 블레셋의 거인을 어떻게 때려 눕혔는지 이야기하는 것을 더 좋아한다. 그렇다면 창세기의 소재는 어떠한가? 창세기는 딱 한 장(14장)을 제외하고, 거대한 정치적 사건을 전혀 다루지 않는다. 창세기는 왕들이나 지도자들의 역사를 그 대상으로 삼지 않고, 지극히 개인적인 가족사를 주로 다룬다. 그렇기에 우리는 창세기에서 (정치적) 역사에는 전혀 영향을 미치지 않는, 증명되건 말건 아무런 상관 없는 이야기들을 잔뜩 듣는다. 아브라함은 경건하면서도 우유부단한 사람이었고, 자신의 아내를 사랑해서 자신의 여종을 내쫓기도 했다. 야곱은 자기 형을 속였고, 라헬과 레아는 질투가 많았다. 즉, '별로 중요하지 않은 농촌 생활의 일화들, 우물가, 샘, 침실 등에서 일어난 이야기들'이다. 읽으면 재밌겠지만, 이 모든 것들은 전혀 역사성을 지닌 사건들이 아니다. 따라서 역사 기록자는 그러한 것들을 보고하지 않으나, 설화의 민간전승은 그러한 시시

콜콜한 것들을 즐긴다. 아브라함이 하나님을 전적으로 신뢰한 것, 야곱이 세겜에서 이방신들을 묻은 것들도 마찬가지다. 이런 것들은 보는 바와 같이 전혀 공적인 관심사를 유발하는 것이 아니다.

5. 신뢰할 수 있는 역사적 기억으로 보이는 모든 보고에서, 반드시 고려되어야 하는 것이, 보고되는 사건들의 목격자로부터 보고자에 이르는 먼 경로이다. 설화의 경우 일부는 전래에서, 그러나 또 다른 일부는 상상으로 만들어진다. 그 특성을 알아채기 위해서, 이러한 기준을 창세기의 처음 이야기들에 갖다 댈 필요가 있다. 창조 시에 인간은 거기 없었다. 인류, 원시 민족, 원시 언어의 발생의 시간에까지 거슬러 올라가는 인간의 전래는 없다. 이집트나 바벨론 문서가 해독되기 이전에는, 이스라엘의 전래가 너무 오래되어서 선사 시대의 정황에 대한 기억을 찾는 것이 불가능한 것만은 아니라고 여겨졌다. 그러나 이제 세계는 우리에게 놀랍도록 개방되어, 이스라엘 민족은 주변에 비해 가장 젊다는 것이 알려졌고, 따라서 그러한 추측은 결국 실패로 드러났다. 원시 민족의 발생 이후로 이스라엘 민족의 출현까지는 수천 년이 흘렀다. 그렇기 때문에, 저 선사 시대에 대해서 이스라엘이 갖고 있던 역사적인 전승들로 진지하게 이야기할 수 있는 것은 아무것도 없다. 또한 조상 이야기들에 대해서

도 가장 심각하게 고려해야 할 것이 있다. 족장 시대의 전통에 따르면, 이스라엘은 이집트에 400년간 살았다. 이 시기에 대해서는 아무것도 이야기되지 않는다. 이에 대한 역사적 기억은 몇몇 부족 가계도를 제외하고 완전히 잊혀져 버렸다. 그러나 족장 시대의 사소하고 시시콜콜한 것들이 풍성하게 보고된다. 자신의 선조들의 역사에서 아주 사소한 특징들만 엄청나게 보존하는 것에 대해서 어떻게 생각해야 할까? 그와 같이 사소한 것들을 그토록 생생하면서도 그토록 오랜 시간 동안 진실되게 보존한다는 일은, 구술전승으로는 불가능하다. 게다가 그 이야기들은 너무도 구체적이다. 웃음거리가 되고 싶지 않다면, 보고자가 이야기하는 사건들을 어떻게 '알 수 있었는지'에 대한 질문은 하지 않는 것이 낫다. 홍수 사화(Sintflutgeschichte)의 화자는 물의 수위를 어떻게 알았을까? 노아가 측정했을까? 하나님이 하늘에서 단독으로 개인에게 하신 말씀이나 천상 회의에서 나눈 생각을 어떻게 경험적으로 알 수 있을까?(참조, 1장, 2:18, 6:3, 6-7, 11:6-7).

6. 설화의 가장 명확한 특징은, 믿을 수 없는 것들이 심심찮게 보고된다는 사실이다. 이러한 시는 산문에서 살아있는 것과는 또 다른 현실 가능성을 갖고 있으며, 우리에게는 불가능해 보이는 많은 것이 고대 이스라엘에서는 가능한 것으로 여겨진다. 우리의 비교적 더 나은 지식과 모순되는 많은 것이 창세기

에서 보고된다. 우리는 방주에 탄 모든 동물보다 더 많은 동물이 있음을 안다. 우리는 아라랏산이 세계에서 가장 높은 산이 아님을 안다. 우리는 창세기 1:6 이하의 창조에서 말하는 궁창이 어떤 실체가 아니라, 단지 착시로 비롯된 것임을 안다. 우리는 창세기가 묘사하듯이 별들이 식물보다 늦게 출현할 수 없음도 안다. 우리는 지구상의 강물이 창세기 2:10-14에서 생각하듯이 네 개의 수원지로부터 출발하는 것이 아닌 것도, 그것들이 유프라테스 강과 티그리스 강이 아닌 것도, 사해가 인간이 팔레스타인에 살던 시기보다 훨씬 오래전부터 존재했지, 창세기 14:3처럼 그때에야 비로소 역사 속에 등장한 것이 아님도 알고, 창조로부터 이스라엘의 출애굽에 이르는 연대기가 2,666년에 불과한 것이 아님을 지질학적 근거뿐만 아니라 바벨론과 이집트의 역사 기록물을 통해서도 알고 있다. 그 외에도 많다. 창세기에 나타나는 수많은 이름에 대한 설명들은, 현재 우리의 언어학적 지식과 비교할 때 대다수가 맞지 않다. 고대 이름이나 '바벨'과 같은 단어도 히브리어로부터는 도출될 수 없는 것임에도, 고대 이스라엘에게는 자연스러운 것으로 여겨졌다. 히브리어가 가장 오래된 인류의 언어였다는 것은 우리에게는 불가능한 전제이다. 모든 민족이 한 가족, 한 조상으로부터 발생했다는 조상 설화에 근거한 이론은 너무도 유치하다(참조, 아래의 §2,4 및 Gunkel, 85). 그럴듯하게 꾸며낸 허구가 아니라 실제에 대한 관찰에 근거하는 오늘날 우리의 역사적 세계관에 의하면 그것은 불가능하다. 그리고 현대 역사가는, 자신이 불가능하다고 여기는 것에 대해 설명하기를 보류하고자 한다 할지라도, 그는 확신을 갖고, 동물들(뱀이나 당나귀)이 말을 하지 못하며 말 한 적도 없으며, 불멸이나 지식을 허락하는 열매를 제공하는 나무도 없으며, 천사와 인간의 육체적 결합도(6:1ff.), 318명의 남자와 몇몇 동맹만으로 세계 정복자의 군대를 물리칠 수 있다는 것도(14:14-15), 969세까지 살 수 있는 사람이 없다는 것도 단호하게 주장할 것이다(5:27). 그러나 괄목할 만한 점은, 히브리 이야기에서는 이러한 일들의 불가능성에 대해 전혀 생각하지 않는다는 것이다. 최초의 여성은 뱀이 그녀에게 말을 걸기 시작해도 놀라지 않고, 게다가 화자는 노아가 어떻게 동물들을 방주에 싣는 일을 마쳤는지에 대해서 궁금해하지 않는다. 이 역시 설화의 특징 중 하나인데, 곧 만약 우리가 그것들을 냉정한 현실에 두고자 한다면, 이러한 순진무구함을 그릇된 것으로 여기는 우를 범할 수도 있다.

창세기의 이야기들은 대다수 종교적인 것이기 때문에, 끊임없이 하나님에 대하여 이야기한다. 이처럼 하나님에 관하여 말하는 이야기들의 방식은, 그것이 역사적인 것으로 여겨졌는지, 시적인 것([시] 문학적인 것—편주)으로 여겨졌는지를 가늠하는 확실한 잣대 중 하나이다. 역사가는 세계관이 없을 수가 없다. 우리는 하나님이 세상의 모든 일에, 은밀하게 숨어계시는 배경으로

일한다고 믿는다. 때때로 그분의 영향력은 위대하고 인상적인 사건들과 인물들 가운데서 손에 잡힐 정도로 분명하게 파악될 수 있다. 예컨대, 우리는 기적과 같은 일들의 연속 속에서 그분의 통치를 어렴풋이 느낀다. 그러나 그분은 다른 것들과 나란히 작동하는 요소들 중 하나가 아니라, 오히려 그 모든 것의 궁극 원인이시다. 그러나 창세기의 수많은 이야기들은 전혀 딴판이다. 하나님은 낙원을 산책하시고, 자신의 손으로 사람을 빚으시고, 방주의 문을 직접 닫으신다(7:16). 또한 그분은 자신의 숨을 인간에게 불어넣으시고, 동물들에 대해서는 공공연한 시도도 해보신다(2:19-20). 그는 노아의 희생제물의 냄새를 맡고(8:21), 아브라함과 롯에게 여행자의 모습으로(18-19장) 나타나거나 혹은 천사의 모습으로 하늘에서 부르신다(21:11 등). 또한 하나님은 아브라함에게 자신의 본래의 모습으로 나타나시기도 한다. 그는 불타는 횃불과 옹기 가마의 연기로 나타나신다(15:17)! 창세기에서 하나님의 말씀하심은 매우 특징적인 것으로, 그분의 말씀은 마치 예언자들이 하나님의 음성을 들었을 때처럼, 황홀경에 빠져 인간의 가장 깊숙한 동요 가운데, 어두운 시간에 들리는 것이 아니라, 거의 대부분의 경우 하나님은 어느 한 사람이 다른 사람에게 말하듯 단순하게 말씀하신다(12:1 등). 우리는 고대인의 순진무구함을 이해할 수는 있으나, 그러한 이야기들을 믿기는 거부한다.

7. 우리가 운문([시] 문학적인 것—편주)에 대한 내적인 근거로 볼 수 있는 이러한 이야기들을 이스라엘 역사 서술의 유명한 견본들과 비교할 때, 그 논증들은 더욱 강화될 수 있다. 왜냐하면 그 개연성/가능성과 충돌하는 것이 구약 전체가 아니라 역사 서술 어조를 가진 아주 특정 부분들에서만 발견되기 때문이다(반면 우리가 굳이 역사적인 것으로 보지 않는 다른 단락들에서는 그런 것들을 확인하지 못한다). 무엇보다 사무엘하의 중심부, 압살롬의 반역에 관한 역사는 이스라엘 속 고대 역사 서술의 가장 값진 부분인데, 거기서 묘사되는 세계는 우리에게도 익숙하다. 곧, 이 세계 속에서는 물 위로 떠오르는 쇠도끼도 없고, 말하는 뱀도 없다. 여기서는 하나님이나 천사가 사람처럼 존재하는 것이 아니라, 모든 것이 우리에게 익숙한 방식으로 일어난다. 설화와 역사의 차이는 구약 내에서도 낯선 것이 아니며, 오히려 주의 깊은 관찰자라면 구약 자체 내에서 그것을 알아차릴 수 있다.

더 나아가, 창세기의 이야기들은 다른 민족들의 설화들과 닮았을 뿐만 아니라 발생과 종류에서도 유사하다는 것을 잊어선 안 된다. 그러므로 창세기의 홍수 사화를 역사로 여기면서 바벨론의 홍수 사화를 설화로 여길 수는 없다. 오히려 구약의 홍수 이야기는 바벨론 것의 아류다. 그와 마찬가지로 세계 창조에 관한 다른 이야기들은 전부 허구로 여기면서 창세기 1장만 역사로 설명할 수 없다. 창세기 1장은, 그 종교적 정신에 있어서 다른 이야기들과 구별될 수는 있으나, 문학 종류를 따지자면 저 것들과 밀접한 관계를 갖고 있다.

8. 하지만 가장 중요한 것은 이러한 이야기들 안에 남아있 는 시적 어조다. 실제로 일어난 일에 대해서 가르치고자 하는 역사 기술은 본질상 산문 형식을 따른다. 그러나 설화는 본질상 운문을 따른다. 그것은 기쁨을 주고, 감정을 고양시키고, 영감 을 주며, 흥분시키기를 원한다. 따라서 고대 이야기들을 정당하 게 다루기를 원하는 사람이라면, 이야기가 무엇이고, 어떤 것을 원하는지 엿듣기 위해 반드시 미적 감각을 지녀야만 한다. 그러 므로 여기서는 비우호적인 혹은 완전히 냉소적인 판단을 내리 기보다는, 사물의 본질에 대하여 애정을 갖고 이해하려고 하는 것이 중요하다. 예를 들어, 심장을 갖고 있고 느낄 수 있는 사람 이라면, 이삭의 희생에 관한 이야기를 어떤 역사적인 사실로 확 립하려 할 것이 아니다. 오히려 청자는 자신의 자식을 다름 아 닌 자신의 손으로 희생시킬 수밖에 없는 아버지의 가슴 찢어지 는 고통, 그리고 따라서 하나님의 은총이 그를 이 괴로운 희생 으로부터 해방시켰을 때 느낀 무한한 감사와 기쁨을 공감해야 만 한다. 고대 설화들의 이러한 고유한 시적 매력을 알아차린 사람은, 이러한 이야기들을 오직 산문과 역사로만 여길 때에만

가치가 있을 수 있다고 생각하는 야만적인 사람들에게(물론 경건한 야만인도 있다) 화가 날 것이다. 그러한 이야기들이 설화라는 판단은, 이 이야기들에서 얻을 것이라곤 아무것도 없다는 뜻이 아니다. 오히려, 그렇게 판단하는 사람은 이러한 이야기의 시적인 아름다움으로부터 무언가를 느꼈으며, 이야기를 그렇게 이해했다는 것에 대한 표현이라고 할 수 있다. 어리석은 사람만이 그러한 판단을 경건하지 못한 것이라 여기겠지만, 오히려 이것이야 말로 경건과 사랑의 판단이다. 이러한 시적 이야기들은 한 민족이 자신의 역사적 인생 행로 가운데 얻은 가장 아름다운 것이다. 그리고 이스라엘의 설화, 특별히 창세기의 설화는 아마도 이 땅에서 존재하는 것들 중 가장 아름답고 가장 심오할 것이다. 물론 현실과 시를 아직 구별할 수 없는 어린아이에게, 그 자신의 아름다운 역사가 '사실이 아니란다'라고 말하면 혼란을 줄 것이다. 그러나 이는 현대 신학자에게 어울리지 않을 분위기일 것이다. 개신교 교회와 지도자들은 창세기가 설화로 되어 있다는 지식에 반대하여 (지금까지 그래왔던 것처럼) 스스로를 차단할 것이 아니라, 이 지식이 없다면 창세기에 대한 역사적 이해는 불가능하다는 것을 깨닫는 것이 좋을 것 같다. 이 지식은 역사 교육을 받은 사람들에게는 이미 거부할 수 없을 정도로 일반적인 것이 되었기에, 확실히 우리 민족에게도 스며들게 될 것이다—이는 막을 수 없는 과정이다. 따라서 우리는 그것이 우리에게

어떻게 올바른 정신으로 제공되는지를 살펴볼 필요가 있다.[3]

---

3.   나는 여기서 벗들에게 Stöcker의 말을 들려주고자 한다: "성서의 고
      대 사화가 설화 및 설화의 요소들을 담고 있다는 것은 의심의 여지가
      없기에, 그것에 반대하여 스스로를 차단하는 것은 헛된 일이다. 경건
      한 기독교인들에게 공적으로 밝히 말할 때가 왔다"(Literar. Beilage
      zur "Reformation" II, Nr. 11, Nov. 1903, 85).

제2장
창세기 설화의 종류들

1. 거대한 자료에서 명백하게 구별되는 두 가지 그룹이 있다. 첫째는, 세계 발생, 인류의 최초의 조상에 관한 설화, 바벨탑에 이르기까지의 역사다. 이 이야기들의 무대는 매우 넓고, 관심 영역은 전 세계다.

둘째, 아브라함, 이삭, 야곱과 그의 아들들, 이스라엘의 조상들에 관한 설화다. 이것의 무대는 가나안과 그 주변이며, 관심사는 가족에 집중되어 있지만, 어느 정도 그들은 하나님의 백성이 되어야 한다는 사유가 그 배경에서 드러난다.

동시에 하나님의 개념에도 차이점이 드러난다. 즉, 전자의 원시 이야기 속에서, 하나님의 개념은 상당히 보편적이다. 야훼는 하늘과 땅의 창조주(2:4b)거나 적어도 인간과 동물의 창조주(2:5ff.)이며 인류의 주이자 재판관이다(낙원 사화, 천사의 결혼 사화, 홍수 사화, 탑 건설 사화 등에서도 그러하다). 그에 비해 족장 이야기에 등장하는 하나님은 아브라함을 방문하며, 야곱을 보호하되, 사소한 일들에 간섭하며, 여행에 안전을 보장하며, 집과 농장을 번성하게 하는 등 때로는 한 가족의 신처럼 보인다. 당연히 이스라엘의 민족의 신과 가나안 지역의 신성한 기운들(Numen)은 연결되어 있다.

추가적으로 하나님 개념에 대하여 또 다른 차이점도 존재한다. 기원 사화(Urgechichte)에는 두렵고 암울한 분위기가 지배적이다. 그것들은 무서운 하나님의 심판에 대해서 이야기하며, 처벌받지 않고서는 건널 수 없는 인류와 하나님 사이의 깊은 간극을 전제로 하는 반면에, 족장 이야기 속에서 지배적으로 드러나는 하나님은 깨어지지 않는 은총을 자녀와 손주에게까지 미치시는 분이다.

더 나아가 조상 설화에서 신은 언제나 은밀하게, 알려지지 않은 채, 혹은 하늘에서 음성으로 아니면 꿈에서만 말하는 분으로 보인다. 그러나 기원 설화에서 하나님 개념은 신인동형동론적이다. 하나님은 인간에게 친숙하나 누구도 거기에 놀라워하지 않는다. 낙원 설화에서 그는 기본적으로 아침마다 인간에게 다가간다. 그는 노아를 위해 방주를 직접 닫으시고, 그의 희생 제사에게 이끌리어 개인적으로 나타난다. 그래서 인간과 동물을 친히 손으로 만들고, 동물들에 대해 공공연한 시도도 해본다 (Gunkel, 12). 홍수 이야기에서, 하나님은 사람을 창조했던 것을 후

회개하며, 결국에는 그와 같은 끔찍한 재판을 다시는 하지 않겠다고 약속한다. 또 탑 건설 사화에서 언뜻 보기에 그는 인류의 성장하는 힘을 두려워하는 것처럼 보인다. 그 외에도 많다.

더욱이 조상 설화에서 실제로 행위하는 존재는 언제나 인간이다(신이 출현할 때는 예외로 간주된다). 그러나 기원 설화에서 신은 (창조에서처럼) 행위자로, 아니면 적어도 주요 부분을 담당한다(낙원, 6:1ff.의 천사의 결혼, 홍수, 탑 건설 이야기 등). 이러한 차이는 상대적일 뿐이다. 왜냐하면 특정 조상 설화들, 특히 헤브론 설화(18장)와 소돔 설화(19장)와 브니엘 사화(32:25ff.)에서는 신을 그런 식으로 출현시키기 때문이다. 반면 가나안의 저주(9:20ff.)와 같은 가인-아벨 사화는 인간이 주요 행위자 혹은 주인공인 설화에 포함된다. 그렇지만 이러한 차이는 전반적으로 두 그룹에 특징적으로 나타난다. 기원 설화 속에서 신적 행위의 출현은, 이러한 설화들이 상당히 강력하게 '신화적'(mystischen) 특징을 지니고 있음을 의미한다. 그것들이 빛바랜 신화들이라 하더라도 말이다.[1]

2. "신화들"(이 단어에 놀라지 않기를!)은 행위자가 인간인 설화와는 구별되는 신들의 사화(Göttergeschichten)이다. 창세기의 신화적

---

1. 기원 신화와 족장 이야기들의 차이점에 대해서는 Haller, Religion, Recht und Sitte in den Genesissagen 1905, 48ff.를 참고하라. 또한 이러한 차이의 역사적 근거에 대해서는 본서 §4,2를 참고하라.

이야기들은 비교적 빛바랜 색으로 우리에게 다가왔다. 우리는 전래된 것보다 더욱 오래된 것으로 보이는 인물들을 이 이야기들 자체로부터 식별할 수 있다(참조, Gunkel, 119). 특별히 창세기 6:1-4는 현재, 일종의 토르소(Torso)로 존재한다(참조, Gunkel, 59). 그렇기 때문에 우리가 기원 설화를 신화—구약의 시인들과 예언자들 및 후대의 묵시문학에 나타나는—에 암시된 것들과 비교해볼 때, 그와 같은 토르소를 확인하게 된다(이에 대해서는 Gunkel, 33 이하와 120 이하, 그리고 나의 책 『창조와 혼돈』[Schöpfung und Chaos, 1895]에서 총괄했던 자료들을 참고하라. 기원 설화와 동방의 신화들을 비교할 때, 특별히 성서의 창조 사화 및 홍수 사화를 바벨론 판본과 비교할 때, 동일한 결론이 명백하게 드러난다(참조, Gunkel, 125ff., 67ff.). 거대한 윤곽, 곧 본래 신화에 녹아있던 불타는 고유한 색깔이 성서의 기원 설화에서 희미해져 버렸다. 자연 대상물이나 자연의 지역들과 신적 존재들과의 동일시, 신들 간의 전쟁, 신들의 출산 등과 같은 것들이 창세기에서 누락되었다. 그 안에서 이스라엘 종교의 고유한 특성을 발견할 수 있다. 야훼-종교의 특징은 신화에 호의적이지 않다는 것이다. 왜냐하면 이 종교는 처음부터 유일신 신앙을 위해 고안되었기 때문이다. 그에 비해 신들의 사화에는 적어도 두 신이 속해있다. 그러므로 구약에 나타난 이스라엘은 엄밀한 의미의 순전한 신화를 견딜 수 없었다. 적어도 산문에서는 그러했다. 그러나 시인에게는 신화적인 암시들이 허락되었다. 그래서 시에는 우리의 창세기 전통 이전, 곧 그보다 오래된 신화를 편견없이 대하는 시각의 잔존물이 보존되었다. 우리가 보유하고 있는 기원 설화는 거의 대부분이 신화에 대한 이러한 은밀한 거리낌의 지배를 받고 있다. 이스라엘의 유일신 신앙은, 창조 사화와 같이 하나님만 홀로 행동하는 신화만 알기를 원한다—그러므로 당연히 작용과 반작용을 통해서 제3의 것이 발생하는 곳에서는 엄밀한 의미의 '역사'가 있을 수 없다. 또한 그 사화는 하나님과 인간 사이에서 이루어진다. 물론 이스라엘만의 독특한 견해에 의하면, 인간은 감히 하나님의 적수가 되기에는 너무 약하기에, 하나님과의 싸움은 엄청난 일에 이를 수 있다. 즉, 하나님이 등장하면 모든 것이 결판난다. 만약 이러한 사건을 '역사'처럼 이야기하고자 한다면, 반드시 인간이 먼저 행위자로 등장해야 한다. 그것이 낙원 설화와 탑 건설 설화의 시간 배열이다. 하나님이 먼저 등장하는 홍수 설화는 그와 다른데, 이로 인해 청자들은 인간의 운명에 대한 긴장감을 느끼지 못하게 된다. 더욱이 신화와 공명을 울리며 전달된 설화들은, 신화성이 결여된 조상 설화에 비해 턱없이 적다. 여기서도 신화에 대한 혐오의 영향을 확인할 수 있다.

3. 따라서 창세기에는 본래의 순수한 신화가 결여되어 있으므로, 여기서 신화의 기원, 종류, 원래의 의미 등에 대하여 자세

히 논할 필요는 없다. 신화를 '신들의 사화'로 간단하게 정의 내리는 것으로도 충분할 것이다. 다음은 창세기에서 고려할 만한 몇 가지 관찰들이다. 일련의 신화들은 현실 세계에서 자주 또는 규칙적으로 발생하는 것처럼 보이는 자연현상이 선사 시대에 이야기의 색을 입은 것으로 이해될 수 있다. 그래서 세계 창조는 거대한 봄으로 그려지고, 종종 비 온 뒤의 무지개의 출현에 대한 관찰은, 홍수 뒤의 무지개가 발생했다는 이야기를 만들 동기를 제공했다.

　　많은 신화는 질문들에 답하고 또한 교훈을 주기를 바라는데, 이는 창세기의 기원 설화도 마찬가지다. 창조 사화는 묻는다. 하늘과 땅은 어디로부터 왔는가? 왜 안식일이 거룩한가? 낙원 이야기는 묻는다. 인간의 이성 그리고 그의 죽을 수밖에 없는 운명은 어디로부터 왔는가? 그와 나란하게, 인간의 육체와 정신은 어디로부터 왔는가? 인간의 언어는? 남녀간의 사랑은 (2:24)? 어찌하여 여자는 출산에 그토록 큰 고통을 느껴야 하며, 남자는 척박한 땅을 갈아야 하고, 뱀은 배로 기어야 하는가? 기타 등등. 이러한 질문들에 대한 대답이 바로 언급된 설화들의 핵심 내용을 구성한다. 역사적 사건처럼 보이는 홍수 설화(Gunkel, 76)는 또 달리, 끝 부분에 "병인론적"(원인제공적) 내용을 다룬다. 왜 그러한 홍수가 다시는 일어나지 않는가(8:21ff., 9:8ff.)? 무지개의 의미는 무엇인가(9:12ff.)? 그러한 이야기들의 결말은 자연스레 "그러므로"의 문장으로 끝맺는다("그러므로 남자가 부모를 떠나 그의 아내와 합하여 둘이 한 몸을 이룰지로다"[2:24] 등). 그러나 신화를 설화와 구별시켜주는 특징인 이 모든 질문은 이스라엘에 국한된 것이 아니라, 오히려 전 세계가 관련된 것이다. 고대 이스라엘은 대체적으로 사색적이지 않았고 그들에게 가장 중요했던 관심사가 언제나 이스라엘 자체였음은 잘 알려져 있다. 그러나 여기에 저 고대 민족도 보편적인 문제이자 가장 심오한 인류의 질문을 다룰 수 있는 좌소가 있다. 고유한 방식으로 창조 사화와 낙원 사화에서 이것이 다루어진다. 곧, 신학과 철학의 시작이다. 그러므로 성서 시대 이후 이 내용이 특별한 주목을 받고, 또한 창세기가 읽혀지기 시작한 이래로, 모든 세대가 오늘날까지 바로 이 설화에서 자신들의 가장 심오한 사유를 투영하여 읽어왔다는 사실은 놀라운 일이 아니다. 그레스만(Greßmann)이[2] "문화 설화"(Kultursagen)라 명명한 특정한 유형의 병인론적 이야기들은 인류 문명의 기원에 대해 질문한다. 나무 열매와 고기를 먹는 것, 나뭇잎과 동물 가죽으로 옷을 지어 입는 것, 목축, 농사, 대장장이와 음악가의 기예들, 도시 건설 및 국가 제도는 얼마나 오래되었으며 어디로부터 기인한 것인가? 그러한 질문들에 대한 대답들은 낙원 사화, 가인 집안 사화, 탑 건설 사화에 간직되

---

2.   ZWA XXX 25.

어 있다.

　4. 창세기의 기원 설화 다음에 조상 설화들이 뒤따른다. 여
기에서 독특한 점은 조상 설화의 주인공들이 가계의 조상들이
자 민족들의 선조이며 대부분은 이스라엘에 속한 자들이라는
것이다. 이 설화들은, 이 민족들 그리고 특별히 이스라엘이 한
선조의 가족으로부터 발생하여 점점 더 퍼져나갔다는 관점, 곧
(모든 경우는 아니지만) 많은 경우에 그 민족 혹은 인종은 이름을 모
르는 자들의 후손으로 지칭되었지만 이스라엘의 경우는 이미
언어로 표현되었다는 관점에 근거한다.[3] 이 이론은, 적어도 (고대
에는 그리스인으로 알려졌던) 아랍인들 사이에 존재했으나, 이집트인
이나 바벨론인에게서는 그 흔적조차 발견되지 않는다.[4] 이러한
기본적인 견해에 의하면, 민족들간의 관계는 가계도의 형식 안
에서 분명해질 수 있다.[5] 예를 들어, 두 민족은 형제였던 선조를
가졌다고 말할 수 있는 것이다. 말하자면, 그들은 가까운 친족
으로 동등하게 서 있다. 그들 중 한 사람이 더 부유하고, 더 강하
고, 더 고귀하게 보인다면, 그의 가계 조상은 장자였거나 혹은
더 나은 어머니의 혈통인데 비해 그렇지 않은 다른 쪽은 동생이

3.　Nöldeke, ZDMG XL 170ff.

4.　Ed. Meyer, Israeliten 229ff.

5.　Stade, Gesch. Isr. I 27ff.; Guthe, Gesch. Isr. 1ff.

거나 혹은 첩의 혈통일 수도 있다고 말할 수 있다. 이스라엘이
열두 부족으로 나뉜다는 것은, 이스라엘의 선조가 열두 아들을
가졌다는 것으로 이해될 수 있다. 또 그들 중 어떤 일부 부족들
이 더욱 가까운 관계를 맺는다면, 그들은 같은 어머니에서 나왔
다고 주장할 수 있다. 삼촌 아브라함과 조카 롯과 같이 조금 더
멀리 떨어진 이스라엘 선조들 간의 관계도 존재하고, 다른 한편
으로는 모압과 암몬 선조들의 관계도 있다. 사막 부족들의 단순
한 환경 속에서 혈족이나 부족들이 연합을 이루게 하는 연대는
그 어떤 국가 조직이 아니라 혈연 공동체의 느낌이라는 점에서
이 이론은 어느 정도 일리가 있다.[6] 게다가 실제로 몇몇 혈족은
자신들이 지도자라 불렀던 이의 후손이거나 혹은 그와 적어도
관계되었다면, 그의 이름을 따서 자신들을 지칭했다.[7] 다른 한편
으로, 우리는 그 민족들의 발생에 대해서 확신을 갖고 말할 수
있을 정도의 지식을 가지고 있다. 즉, 민족과 부족에 대해서 완
전히 다른 방식으로, 이방 혈족의 수용을 통해서나 혹은 이민자
들과 토착민들간의 혼합 등을 통해서 설명할 수 있으며, 또한
이스라엘이 언제나 주장해온 피의 순수성은 환상에 불과하다고

---

6.   Benzinger Encycl. Bibl. Art. Goverment.

7.   Nöldeke, ZDMG XL 158, Kittel, Babyl. Ausgrabungen 3 Aufl.16ff. 특별
     히 원래 개인의 이름이었던 많은 부족 명칭들에 대해서는 Ed. Meyer,
     Israeliten 318, 341ff. 등에서 주의해서 살핀 것을 참고하라.

말할 수 있다.[8] 그러므로 민족들이 한 선조의 가정으로부터 발
생했다는 것은 사실 관찰에서 온 것이 아니라, 만물과 민족들이
출산을 통해서만 발생했다고 이해하려고 했던 신화적 사유로부
터 온 것이다.[9] 어쨌든 수많은 부족들, 심지어 부족 조상으로부
터 나온 민족 전체마저도 시기적으로 너무 멀리 떨어져 있기에,
그에 대한 구전 정보를 보유할 수 있었다고 주장하기란 어렵
다.[10] 만약 그러한 경우들에, 선조들의 부족 가계도가 존재하며,
또한 심지어 몇몇 그에 대한 사화가 이야기되고 있다면, 우선
그 민족 자체의 정황들과 경험들이 원래의 형태로 전달되었는
지 설명할 수 있어야 한다. 이것은 또한 많은 경우에 분명하다.
'세겜'이라는 이름의 한 사람, 곧 도시 세겜의 선조가 사랑에 빠
진 한 청년—두 부족의 선조인 시므온과 레위에 의해 살해된—
으로 묘사되었을 때, 어느 누구도 이것을 역사적 사실이 아닌,
단지 역사적 사건에 걸쳐진 설화 형식의 옷으로 볼 것이다. 우
리는 그러한 민족의 인물들을 다루는 설화나 설화의 단락들을
재해석하기보다, 반대로 그것들이 들려주는 영웅들을 민족과
부족으로 파악하고, 그들에 대한 사화들을 그 민족들의 경험으

---

8. Küchler, Hebräische Volkskunde 26ff.

9. Gunkel, 86의 주석 및 특히 Ed. Meyer, Gesch. des Altertums II2 34를
   참고하라.

10. Nöldeke, ZDMG XL 158.

로 해석하려고 노력할 때, 비로소 그것의 본래의 의미, 우리가 가장 먼저 얻을 수 있는 의미를 이해하게 된다.

그러나 이러한 노력 가운데 신중에 신중을 기해야 하는 이유는, 이러한 인물들 중 일부는 본래 민족을 묘사한 것이 아니라 후대의 전승에서 뒤늦게 선조가 되었을 가능성과 더불어, 더 나아가 이야기의 주인공인 '선조'의 인물상이 고정된 후에 민족사적 기원을 갖지 않는 다른 종류의 이야기가 거기에 접목되었을 가능성을 고려해야 하기 때문이다. 우리는 확신을 갖고서, 특별히 민족의 이름으로 그 이름이 우리에게 잘 알려진 사람들을 민족과 부족들의 의인화로 이해할 수 있다(예, 가인, 가나안, 이스마엘, 암몬, 모압, 열두 부족과 그의 혈족들 등). 그러나 아브라함, 이삭, 야곱과 같은 이스라엘의 선조들과, 암몬와 모압의 조상인 롯, 에돔의 조상인 에서, '아람인'의 조상인 라반 등은 경우가 다르다. 이 인물들은 그들이 묘사하는 민족 및 부족의 이름을 담지하고 있는 것이 아니므로, 본래 다른 의미를 가졌어야만 하며, 전래되는 '권위있는 명령'(Machtspruch)을 통해서 민족의 대표자가 되었을 것이다.[11] 따라서 그들에 관해 이야기되는 몇몇 내용들은 민족의 운명으로 거슬러 올라갈 수 있으나, 모든 것이 그렇게 간단히 도식적으로 이해되어선 안 된다. 심지어 아벨과 같은 인

---

11.   Ed. Meyer, Israeliten 231.

물이나 혹은 아내들과 딸, 즉 사라, 하갈, 리브가, 레아, 라헬, 디나, 다말 등과 같은 인물을 다룰 때에는 유보적이 되는데, 왜냐하면 이들이 부족을 묘사했었다는 것이 그렇게 확실하지 않기 때문이다. 또한 반드시 언급해야 할 것이 있다면, 셈과 함과 야벳은 아마도 세 원시 민족이었을 것이며, 에서와 야곱은 원래는 두 개의 인구 계층을 나타내는 것이었을 것이다(Gunkel, 316).

선조들을 다루는 몇몇 이야기들은 (조심스레 말하자면) 본래는 민족들의 경험담을 묘사한다. (우리가 그렇게 받아들인다면) 언젠가 고대 시기에 그랄의 거주민들과 주변의 베두인들 사이에 샘을 둔 다툼이 있었을 것이며, 그것은 브엘세바의 계약이 체결될 때까지 지속되었을 것이다. 예컨대, 설화는 이런 일을 그랄 왕 아비멜렉과 선조 아브라함 혹은 이삭 사이의 다툼과 계약으로 묘사한다(21:22ff., 26장). 설화에 의하면 시므온과 레위는 청년 세겜을 교활하게 살해했다. 그러나 야곱은 그 형제들과 결별을 선언했다(34장). 그 뒤에 숨겨져 있는 역사는 이러하다. 가나안의 도시 세겜은 시므온과 레위 부족에 의해 교활하게 공격을 당했다. 그러나 이스라엘의 남은 부족들은 이 투쟁에 중립을 유지했다(참조, Gunkel, 371). 그와 마찬가지로 다말-설화의 일부는(38장) 유다 부족의 가장 오래된 관계를 묘사한다. 아둘람의 히라 및 유다의 아내 밧수아에 관한 설화에서 유다는 가나안인들과 손을 잡은 상태였다. 일련의 유다-가나안 혈족(엘과 오난)은 일찍이 몰락했

다. 결국 새로운 두 혈족(베레스와 세라)가 등장했다(Genesis 411ff., 418
을 참고하라). 더 넓은 의미에서 야곱-에서 설화 안에서 역사와의,
정확히는 문명사와의 공명이 일어난다. 여기서 우리는 어린 동
생인 양치기가 자신의 놀라운 명민함을 통해서 사냥꾼을 어떻
게 물리치는지를 듣는다(참조, Gunkel, 316; 가인-아벨 설화와의 비교는
Gunkel, 48을 참고하라). 형제들 간의 비슷한 경쟁이 베레스와 세라
의 유대 혈족 간의 설화에 의해(38:27ff.) 또한 에브라임과 므낫세
간의 설화에 의해(48:13-14) 전제되고 있으며, 첫 번째의 경우는
아마도 (역사적 사건에 대한 반향으로 이해될 수 있을 것이고), 두 번째의 경
우는 상당히 확실하게 역사적 사건에 대한 반향으로 이해될 수
있다. 이스라엘 부족의 장자였던 르우벤은 분노 때문에 자신의
장자권을 상실했다(49:3-4). 즉, 과거에 주도적인 부족이었던 르
우벤이 자신의 지위를 잃은 것이다. 또 셈과 함과 야벳은 원래
형제였다. 그러나 이제 야벳이 다른 형제들에 비해 더 넓은 영
토를 얻었고, 가나안은 둘을 섬겼음이 분명하다(9:20ff.). 우리는
이주에 대해서도 제법 듣는다. 아브라함은 북동쪽에서 가나안
으로 이주하며, 리브가는 이삭과 결혼하기 위해 떠났고, 마지막
으로 야곱도 그러했다. 출발지는 우르-카스딤(Ur-Kasdim)으로 불
린 하란(나홀의 도시, 24:10)과 '동쪽의 자녀들'의 땅이었다. 이 보도
들이 얼마나 오래된 것인지, 그리고 역사적인 것이 반영된 것인
지는 논란 중이다. 하지만 후자에 대해서 이의를 제기할 수 있

는 것은 없다(참조, Gunkel, 168). 요셉 설화에서는 히브리 부족들의 이집트로의 이주가 전제된다. 유사한 모티브가 아브라함이 이집트로 가는 이동 이야기에도 포함되어 있다(12:10ff.).

현재로서는 설화의 속성으로 인해, 우리는 그것으로부터 옛 사건들을 명확하게 인식할 수 없고 단지 안개에 가려 희미하게나마 인식할 따름이다. 설화는 역사적 기억들을 시로 감싸고 그것들의 윤곽을 감추었다. 민간전승은 자신들이 가진 온갖 것들을 덧붙였다. (우리가 이미 앞서 다루었듯) 다른 유래를 가진 인물들이 선조로 추가되고, 역사적인 것들과 시적인 것들이 우리 눈에는 하나의 직물로 짜여서 주어졌다. 따라서 설화 그 자체로부터 해당 사건의 시간대는 대체적으로 결정할 수 없다. 때때로 위치도 명확하지 않으며, 어떤 곳에서는 행위하는 주체도 없다. 야곱과 에서, 가인, 셈과 야벳의 본래의 집이 어디인지, 야곱과 에서의 이름이 본래 의미하는 것이 무엇이었는지, 설화는 잊었다. 그러므로 설화에서 역사적 동기를 추론하기를 원하는 연구자들은 쓸데없는 것에 주의를 기울이지 말고,[12] 또한 조상 설화를 민족사로 역번역함으로써 쉽사리 역사적 사실을 획득할 수 있다는 믿음을 가져서는 안 된다는 경고에 귀 기울여야 한다(이에 대해서

---

12.   Luther, ZAW XXI 46을 참고하라. "벨하우젠 등에 의해 사용되었던 일관적인 수행 방법은 터무니 없는 결과로 이어지게 될 것이다."

는 본서 §2,9을 참고).[13] 따라서 이러한 설화 속 과거의 일들이 우리에게 드러난 것보다 감추인 것이 많더라도, 그렇다고 이를 비방하고자 한다면 야만인밖에 더 되겠는가. 왜냐하면 그것들은 실제로 일어난 것에 대한 산문 보고보다 때때로는 더 큰 가치를 지니기 때문이다. 예를 들어, 우리가 이스마엘에 관한 제대로 된 역사 보고를 가지고 있더라도, 그것이 우리와는 별 상관이 없을 것이다. 왜냐하면 이 "들나귀"(16:12—편주)는 인류에게 거의 아무런 영향을 미친 바가 없기 때문이다. 그러나 시인의 손이 그에게 닿았기에, 그는 영원히 살아가게 된다.

이러한 설화 속에 묘사되는 부족이나 계층들의 특징은 명백하다. 초원의 사냥꾼인 에서는 별 다른 생각없이 하루하루 살아가며, 쉽게 잊어버리고, 배포가 크고, 씩씩하다. 그러나 양치기

13.　Cornill, Geschichte des Volkes Israel (1898) 30ff., Steuerngel, Einwanderung der israelitischen Stämme (1901), 또한 Procksch, Nordherbräisches Sagenbuch (1906) 331ff. 등은 조상 설화들을 역사적 사건 체험에 대한 기억으로써 포괄적인 해석을 추구한다. 전체 설화 영역에 대한 그와 같은 광범위한 해석은 나에게는 상당히 의심스럽게 보인다. 때때로 개별 사건들이 설화들 속에서 울려 퍼진다. 그러나 수십 년 이상에 달하는 사건의 연쇄를 충실하게 보존하는 것이 조상 설화에서는 거의 불가능해 보인다. 이러한 거대한 차이점들과 또한 유사한 실험들(Luther ZAW XXI 36ff.에 정리되어 있다)은, 이 모든 것이 얼마나 불확실한 추측들인지를 보여준다. 이러한 가설들에 대해서는 Gunkel, 323ff, 331ff, Ed. Meyer, Israeliten 251 A. 1, 그리고 Eerdmans, Alttest. Studien II 34ff.를 참고하라.

인 야곱은 상당히 꾀가 많고, 미래를 계산하는 데 익숙하다. 그의 삼촌인 라반은 극동의 양치기의 전형적인 인물로 돈을 좋아하고 사기를 잘 치지만, 겉으로 보기에는 훌륭한 사람인 척, 결코 변명거리를 잃지 않는다. 베두인인 이스마엘은 사람들의 '들나귀'이며, 가인은 살인자로서 야훼의 축복이 있는 땅에서 멀리 떨어진 곳을 방황한다.

그리고 우리는 많은 경우, 사건으로부터 파악되는 분위기에 대해서 명확하게 알 수 있다. 우리는 설화가 얼마나 가나안의 부정을 경멸하는지, 얼마나 에서와 라반을 비웃는지, 어떻게 롯의 탐욕이 척박한 땅을 얻게 만드는지 등에 대해서 분명하게 듣는다.

5. 우리가 기원전 9세기와 8세기경의 두 자료(J와 E)에서 비롯되는 이야기들을 갖고 있기 때문에, 많은 사람들은 설화 자체가 사실상 이스라엘 왕정 시대부터 시작되었으며 선사 시대에 대해서는 아무런 설명도 주지 않는다고 생각한다(예, Wellhausen, Prolegomena 6. Aufl. 319ff., Israel. und Jüd. Gesch. 4. Aufl. 11, Holzinger, Genesis, 271을 참고하라). 그러나 실제로 설화들은 그보다 나이가 많다. 무엇보다 이에 대해서는 그것들이 품고있는 이름들이 증명한다. 그리고 비록 우리가 그것들을 역사적인 것으로 간주한다 할지라도 대부분은 실종되었다. 곧, 이스라엘의 역사 전달로부터 우

리가 셈, 함, 야벳에 관해서 알 수 있는 것은 하나도 없고, 르우
벤과 시므온과 레위에 대해서는 아주 조금, 이스마엘과 가인에
대해서는 가장 오래되거나 혹은 상당히 오래된 일부 전승만을
알 수 있다. 그러므로 이러한 이름들은 역사적 이스라엘보다 나
이가 많은, 선사 시대의 민족과 부족의 이름들이다. 특별히 야
곱과 에서 설화의 오래된 나이는 분명하다. 이 인물들은 뒤늦게
이스라엘 및 에돔과 동일시되었다. 그러나 저 두 이름과 역사적
민족인 에돔/이스라엘에 맞지 않는 설화의 많은 특징들이야말
로 우리에게 고대의 이야기가 원래는 완전히 다른 상황을 의도
하고 있었음을 보여준다. 즉, 설화에서 야곱은 나약하게도 자신
의 형을 두려워하는데, 역사 속에서 이스라엘은 에돔과의 전쟁
에서 승리했다. 설화 속에서 에서는 어리석지만, 역사 속에서
그는 지혜로 유명했다(Gunkel, 316을 참고하라).

　　우리는 이스라엘의 설화의 역사로부터 그와 같은 설화의 나
이에 대한 또 다른 증거를 제공할 수 있다. 사사기 속 설화들은
대체적으로 부족이나 민족의 선조들에 대해서 더 이상 말하지
않고(예외, 사사기 1장), 단지 부족의 몇몇 지도자들에 대해서만 말
한다. 역사적으로 연대를 추적할 수 있는, 고대의 문체를 유지
하는 최후의 이야기는 창세기의 세겜의 습격 설화와 디나 설화
일 것이다(창 34장). 우리가 볼 수 있는 한, 이러한 유형의 이야기
는 이미 고대 사사 시대에 사라졌다. 당시 그와 같은 이야기들

이 전파되기는 했지만 더 이상 새로이 형성되지는 않았다.

6. 우리는 이 설화들이 역사의 사건들을 반영할 때 그것들을 '역사적'(historisch) 설화라고 부르며, 주로 민족의 상태의 묘사를 제공한다면 '민족지학적'(ethnographisch) 설화라고 부른다. 그래서 브엘세바 조약에 관한 설화, 세겜의 습격에 관한 설화, 더 오랜 유대 부족의 멸절에 관한 설화 등을 '역사적' 설화라 하며, 그에 비해 가인이나 이스마엘에 관한 설화를 '민족지학적' 설화라고 한다.

7. 창세기의 이러한 이야기들 속 그와 같은 모티브들과[14] 나란히, '병인론적' 즉, 무언가를 설명하고자 하는 목적을 지닌 것들도 있다. 고대 민족이 궁금해했던 질문들로 가득 차 있다. 어린 아이는 큰 눈으로 세상을 바라보며 질문한다. "왜요?" 스스로가 도출해낸, 그리고 재빨리 만족할 만하고, 아마도 상당히 유치하고, 그래서 부정확한 대답이지만, 감수성이 풍부한 아이가 낸 답이라면, 어른마저도 사로잡고 감동을 줄 수 있을 것이다. 고대 민족도 그러한 질문들을 던지고 또한 최선을 다해 대답했다. 이러한 질문들은 우리가 하는 익숙한 것이기도 하며,

---

14. "모티브"는 이러한 의미에서, 시적 소재의 일관성을 구성하는 요소이다. Scherer, Poetik 212를 참고하라.

또한 우리 학문 분과에서 답을 구하는 것이기도 하다. 우리가 여기서 발견하는 것은 비록 너무도 미미한 시작이지만, 그래도 존경할 만한 인류 학문의 시작이다. 그러나 동시에 그것들은 우리에게 감동을 주고 흥미롭기까지 하다. 왜냐하면 이 대답 안에서 고대 이스라엘은 친밀한 분위기를 표현해냈고, 또한 '시'라는 다채로운 색의 옷을 입혔기 때문이다.[15] 그러한 질문들은 다음과 같다.

a) 민족학적. 사람들은 민족들 간의 관계의 근거들에 대해서 질문한다. 왜 가나안은 자신의 형제의 종이 되었나? 왜 야벳은 그토록 넓은 땅을 차지했나(9:24ff.)? 롯의 자손들은 왜 척박한 동쪽에 자리를 잡았나(참조, Gunkel, 176)? 르우벤은 어떤 경위로 자신의 장자권을 상실했나(49:3-4)? 왜 가인은 정처없이 방황해야 하는가? 왜 가인을 죽인 자는 일곱 배로 앙갚음 당하는가? 왜 길르앗의 경계는 "동방의 자손들"과 구별되는가(31:52)? 왜 브엘세바가 그랄인들이 아니라 우리에게 속했는가(21:22ff., 26:25ff.)? 왜 요셉은 세겜을 소유로 하는가(48:22)? 왜 이스마엘은 사막에서 자리를 잡고 이러한 신과 더불어 광야의 민족이 되었는가(16장)? 왜 이집트 농민들은 오분의 일이라는 무거운 세금을 부담해야

---

15. 원시 민족의 그와 같은 질문들에 대해서는 Leyen, Zur Entstehung des Märchens, Archiv für das Studium d. neueren Sprachen u. Literaturen CXIV 15를 참고하라.

하며, 왜 사제들의 토지는 면제되는가(47:13ff.)? 그러나 자주 던져지는 질문은 이것이다. 왜 이스라엘이 비옥한 가나안 땅을 차지하고 있는가? 설화들은 다양한 방식으로 어떻게 이 일이 이루어졌는지와 어떻게 조상들이 이 땅을 얻게 되었는지 이야기한다. 하나님은 아브라함의 순종으로 인하여 약속을 하셨고 (12:7), 롯이 벧엘에서 갈라져 동쪽을 택했을 때, 서쪽이 아브라함의 소유가 되었다(13장). 야곱은 이삭에게서 더 나은 땅의 축복을 자신의 속임수를 통해 얻어내었고(27장), 하나님은 벧엘에서 야곱에게 약속하셨다(28:13). 민족들의 관계를 설명하기 위한 그와 같은 민족지학적 설화들은 꾸며낸 역사를 들려주는데, 그 개별 사례 안에서 실제로 일어난 사건들에 관한 전승 자투리를 포함하고 있는 역사적 설화들을 구별해내기란 거의 불가능하다. 곧, 그러한 설화에 민족학적 관점과 민족지학적 관점이 너무나도 자연스럽게 나란히 놓여있다는 것이다. 〔민족지학적 설화에〕 역사적인 상황이 전제되어 있지만, 그러나 그것이 설명되는 방식은 시적이다.

그러한 질문에 대한 대답은 언제나, 현재의 상황이 고대 조상들의 행위들로부터 설명된다는 식이다. 첫 선조는 브엘세바 우물을 팠고, 그렇기 때문에 그의 유산으로 〔우물이〕 저들에게 속해있다(26:25ff.). 또한 선조들은 길르앗을 경계로 결정했다(31:52). 가인 부족의 조상은 영원히 방황해야 한다는 저주를 하나님으로부터 듣기도 했다. 특히, 이처럼 놀라운 결과를 낳는 말씀—
과거 언젠가 하나님 자신이나 혹은 고대 조상이 입 밖에 낸—에
대한 설명은 인기가 있었다. 이때 설화는 고대에 이러한 말씀이
어떻게 등장했는지 이야기한다(9:25ff., 12:2-3, 15:18, 27:28ff. 등). 더구
나 저 설명들은 매우 풍부했기에 추후에 '축복'이라는 별도의
문학 장르를 낳기도 했다(참조, 창 49장).

이 설명들이 우리에게 유치하게 보이고, 저 고대인들이 어
떤 일에 대한 실제의 근거를 거의 찾을 수 없었다 하더라도, 우
리는 이러한 시적 설화들이 말하는 심오한 의미들을 놓쳐서는
안 된다. 곧, 현재 민족들의 관계—이러한 이야기들의 전제인—
는 완전한 우연이 아니라, 선사 시대의 사건들에 기반을 하며,
어느 정도는 '예정된' 것이기도 하다는 것이다. 그러므로 우리
는 민족학적 설화 속에서 역사 철학의 시작을 갖는다.

b) 여기에 동반되는 어원학적 모티브, 언어학의 시작. 고대
이스라엘은 민족들, 산들, 샘들, 성소들, 도시들의 이름의 기원
과 본래의 의미에 대해서 많이 생각했다. 그 이름들은 우리와는
달리 그들에게는 무관심의 대상은 아니었다. 왜냐하면 그것들
이 어떤 방식으로든 사물들과 관계를 맺어야만 한다고 확신했
기 때문이다. 많은 경우 고대 민족이 올바른 설명을 하기란 불
가능했다. 왜냐하면 고대 민족들에게나 이스라엘에게 그 이름
들은 가장 오래된 언어적 재산이기 때문이다. 그것들은 이제는

사라진 민족들이나 고유한 언어의 더 오래된 단계로부터 기인한다. 라인, 모젤, 넥카어, 하르츠, 베를린, 루드비히처럼 우리가 가진 많은 이름들은 비언어학자들에게 명확하지 않다. 마찬가지로 이러한 특성으로 인해 그 단어들은 고대 민족의 주의를 끌었을 것이다. 고대 이스라엘은 그러한 이름들을 당연히 학문적인 정신과 상관없이, 당대의 언어로 설명한다. 즉, 고대의 이름을 다소 비슷하게 소리나는 당대의 단어와 함께 묶어서, 왜 여기서 이 단어가 그렇게 발음되며 그러한 이름으로 남아있는지에 대한 근거를 제공하려는 짤막한 역사를 들려준다. 우리는 그와 같은 민간 어원에 대해서 잘 알고 있다.

> 언젠가 한 기사가 신음했다. "아, 전느..."(Ach Allm)
> 그가 살인자에게 찔렸기 때문이다.
> 그는 본래 "전능자여"(Allmächtger)라고 외치려고 했다.
> 그것(Achalm: "악할름")은 그 성(城: Schloß)의 이름이 되었다.
> (Uhland, Die Schlacht bei Reutlingen).

랑고바르트족(Langobarden)은 이전에는 비닐러(Winiler)라고 불렸다. 언젠가 비닐러의 여성들은 군사 전략을 위해 수염을 붙인 적이 있다. 보단(Wodan)이 이른 아침 창문을 통해서 그것을 보고 말했다. "저 긴 수염들(Langbärte)은 도대체 무어란 말인가? 그때부터 비닐러들은 긴 수염, 즉 랑고르바르트로 불렸다"(Grimm, Deutsche Sagen No. 389).

또 다른 설화에 의하면, 바르트부르크라는 이름은, 어느 한 귀족이 사냥감을 놓치고 이렇게 말한 것에 유래했다고 한다. "기다려라("바르트") 산아! 널 내 성("부르크")으로 삼고 말겠다!"(wart, Berg, du sollst mir eine Burg werden).

이와 같은 식의 설화들은 창세기에도 있고, 이후에도 상당히 빈번하게 나타난다.[16] "바벨"이라는 도시는, 하나님이 그곳의 언어를 "흩으셨기" 때문에 얻게 된 것이다(בלל, 11:9). "야곱"은 "발꿈치를 잡은 자"로 설명이 되는데, 그 이유는 그가 태어날 때 자신의 형제가 맏이가 되지 않게 하기 위하여 발꿈치를 잡았기 때문이다(25:26). 소알은 '작음'이라는 뜻인데, 왜냐하면 롯이 애원하며 작은 곳이라도 허락해달라고 말했기 때문이다(19:20, 22). 브엘세바는 '일곱의 샘'이라는 뜻인데, 왜냐하면 아브라함이 거기서 아비멜렉에게 양 일곱 마리를 선물로 주었기 때문이다(21:28ff.). "이삭"이라는 이름을 얻게 된 경위는, 그의 어머니가 그의 출생을 약속 받았을 때(18:12) 웃었기(צחק) 때문이다. 그 외에

16. 구약의 이름의 민간 이름 설명의 실례는 Benzinger, Archäologie 2 Aufl. 100에서 가져왔다; 현대 부족 설화 속 그와 같은 어원론은 Littmann, Semit. Stamme-sagen der Gegenwart in Orient. Studien, Th. Nöldeke gewidmet 945, 952을 참고하라.

도 많다.

대부분의 이 설명들이 가진 큰 단순함을 이해하려면, 히브리어 설화들이 바벨론식 단어, 바벨을 히브리어로 설명하고, 또한 종종 비슷한 발음이면 만족한다는 것을 기억해야 한다. 예컨대, 가인은 קָנִיתִי("카니티"), 즉 "내가 득남하였다"에서 도출되며 (4:1), 르우벤은 רָאָה בְעָנְיִי("라아 베안이"), 즉 "나의 괴로움을 돌보셨으니"(29:32)에서 왔다. 연구자들은 이와 같은 어원론적 순진무구함을 충분히 인식하지 못했다. 그래서 그들은 최근까지 현대적인 수단을 통해서 불충분한 설명들을 메꾸어 보려는 유혹에 빠져있었다. 간혹 많은 신학자가 그러한 (그러나 정말 심오한) 설명을, '참된 어원'으로 여기기도 한다(예, 야훼 = "나는 나다", 출 3:14). 그러나 어원들은 밝혀지지 않았다.

어원론적 설화들이 우리에게 가치있는 이유는 그것들이 병인론적인 설화의 명백한 사례들이 되기 때문이다.

c) 어원학적인 것들보다 더 중요한 것이 제의 설화 모티브 (kultischen Sagenmotive)로, 그 목적은 예배의 규례를 설명하는 데 있다. 그러한 제의적 규례들은 고대인의 삶에 중요한 역할을 했다. 그러나 그와 같은 풍습 대다수는, 그것을 수행하는 고대의 시대(우리가 도달할 수 있는 가장 먼 시대)에도 이미, 전혀 혹은 적어도 거의 이해하기 힘든 것이었다. 왜냐하면 관습들이라는 것은 사상들보다 훨씬 더 변하기 어려운 것이고, 특별히 제의적 관습들

은 극도로 보수적인 것이기 때문이다. 우리도 마찬가지다. 종교개혁시기와 합리주의 시대의 엄청난 정화(Reinigung) 이후에도 여전히 예배는 살아남았는데, 우리가 교회에서 보고 듣고 하는 것들의 많은 경우 그것의 원래의 의미를 이해하지 못하거나 혹은 부분적으로만 이해한다.

　고대 이스라엘은 그러한 여러 제의 관습의 기원에 대하여 고심했다. 성인들이 익숙함으로 인해 그러한 것들의 기이함과 불가해함에 무디어졌다가도, 어린아이의 질문을 통해서 그들의 정적은 요동치게 된다. 만약 어린아이가, 아버지가 유월절 축제에 온갖 종류의 기묘한 풍습들을 지키는 것을 본다면(출 12:26, 13:14), 이렇게 질문할 것이다. '그걸 왜 하는 거예요?' 그러면 아버지는 자녀에게 유월절 사화를 이야기해주어야 한다. 그와 마찬가지로 요단강의 열두 개의 돌(수 4:6)에 대해서도, 아버지는 자녀에게 요단강 도하를 기념하기 위한 것이라고 설명해주어야 한다. 이러한 실례들처럼, 우리는 그와 같은 설화는 질문에 대한 대답임을 확인한다. 마찬가지로 할례, 안식일의 기원에 대해서도 질문할 수 있다. '왜 우리는 허벅지 힘줄(Hüftnerv)을 먹지 않아요?'(32:33). '어째서 벧엘에 있는 거룩한 돌에 기름을 바르고 거기서 십일조를 바쳐야 해요?'(28:18, 22). '왜 우리는 "여루엘"(이삭의 희생제사 장소 이름. 22:1-19; 참고, Gunkel, 241)에서 야훼가 원래 요구했던 아이가 아니라 숫양을 희생제물로 바쳐야 해요?'

이스라엘은 이 모든 일에 대한 진짜 근거를 제시할 수는 없었을 것이다. 그렇게 하기에는 너무 오래된 일들이기 때문이다. 그러나 이러한 당혹감 가운데 신화 내지는 설화가 출현했다. 어떤 사화를 들려주고 거기에서부터 거룩한 관례를 설명한다. 즉, 과거 언젠가 어떤 사건이 발생했고, 이로부터 저러한 행위들이 기원했다는 것이다. 우리는 이러한 행위들을 기념하고 흉내냄으로써 그 관례를 실천하게 된다. 관례를 설명해야만 하는 이러한 사화는 고대에는 일상이었다. 고대 민족은 분명하게 예배의 관습이 까마득한 과거 시간으로 거슬러 올라간다는 인상을 남긴다. 세겜(12:6)과 헤브론(18:4)의 나무들은 아브라함보다 나이가 많다! 우리는 할례를 모세를 위한 것으로, 즉 하나님이 피를 원하셨고 그의 장자가 모세를 대신하여 할례를 받은 일로 여긴다 (출 4:24ff.). 우리가 일곱째 날에 쉬는 이유는 하나님이 세계를 창조하시고 일곱째 날에 쉬셨기 때문이다(2:2-3, 이것이 '신화'인 이유는 하나님만이 홀로 거기서 행위자이기 때문이다). 허벅지 힘줄이 우리에게 거룩한 이유는 (후대 사람들이 말하는 바와 같이) 야곱이 하나님과 싸웠기 때문에, 혹은 하나님이 브니엘에서 야곱의 그 부위를 치셨기 때문이다(32:33; 참조, Gunkel, 363). 벧엘의 돌은 야곱이 처음 기름을 부은 곳이다. 왜냐하면 하나님이 야곱에게 나타나셨을 때, 그 돌이 그의 베개였기 때문이다(28:18). "여루엘"에서 하나님은 아브라함에게 처음에는 그의 자식을 요구하셨으나, 후에는 숫양에 만족하셨다(22장). 기타 등등.

　우리는 반복해서 벧엘, 브니엘, 세겜, 브엘세바, 라해로이, 여루엘과 같은 특정 장소와 이러한 장소들에 있었던 나무, 우물, 돌기둥에 관한 사건들을 듣는다. 이곳들은 이스라엘의 부족과 혈족들의 고대 성소이다. 가장 옛날 시대의 사람들은 저러한 자연 기념물 자체에서 일종의 신성의 본질을 직접적으로 느꼈다. 그러나 후대에, 그와 같은 연결은 더 이상 분명하지도, 당연하게도 보이지 않았기에, 이러한 질문을 던지게 되었다. '왜 바로 이 장소와 거룩한 표식들이 특별히 그렇게 거룩하게 되었을까?' 그에 대한 대답은 이와 같다. '하나님이 이 장소들에서 선조들에게 현현했기 때문이다.' 이와 같은 근본적인 계시를 기억하며 우리는 이곳에서 하나님을 경배한다. 그러므로 제의 설화 —종교사적으로 매우 중요한 의미를 지니는—는 그 장소들과 자연 기념물에서 신성에 대한 종교적 감정을 더 이상 직접적으로 느끼지 못하고 거룩한 관습의 의미도 더 이상 이해하지 못하던 시기로부터 유래한다. 거룩한 상징이 지닌 신성에 대한 직접적인 인상은 설화 속에서는 고대 조상들의 개인적인 경험이 되었고, 내적인 확실성이 외적인 사건으로 객관화되었다. 설화는 이제 하나님과 부족 조상들이 바로 이 장소에서 어떻게 만나게 되었는지 이유를 제공하게 되었다. 아브라함은 정오의 뜨거운 열기를 피해 나무 아래에 앉았고, 그때 그에게 남자들이 나타났

다. 그렇기 때문에 이 나무는 거룩하다(19:1ff). 라헤로이라는 사
막의 샘은 이스마엘의 성소가 되었는데, 그 이유는 그의 어머니
가 피신하던 중 사막의 이 샘 곁에서 하나님을 만났고, 하나님
이 그녀를 위로하셨기 때문이다(16:7ff). 야곱은 우연히 어느 한
장소에서 밤을 새고 돌에 머리를 뉘었는데, 그때 그는 천상의
사다리를 보았다. 그렇기 때문에 그 돌이 우리의 성물인 것이다
(28:10ff). 모세는 우연히 가축 떼와 함께 거룩한 산에, 그리고 불
붙은 가시덤불이 있는 곳으로 갔다(출 3:1ff). 이스라엘의 모든 위
대한 성소는 그와 같은 발생 설화를 갖는다. 우리는 그와 같은
성소 설화들이 본래 그 동일한 장소의 신성한 축제를 설명하기
위한 것이었다고 상상해볼 수 있다. 이는 마치 유월절 축제와
출애굽 설화, 부림절 축제와 에스더 전설, 바벨론 봄축제와 바
벨론 창조가(Schöpfungshymnus)가 함께 짝을 이루는 것과 유사하
며, 또한 우리의 성탄절과 부활절이 그것과 관련된 사화 없이는
상상할 수 없는 것과도 같다. 그러므로 이러한 제의 설화가 우
리에게 그토록 가치 있는 이유는, 우리가 이것들로부터 이스라
엘의 성소들과 거룩한 관습들에 대해서 알 수 있으며, 동시에
그것들이 고대인의 종교적 감수성들을 우리에게도 생생하게 느
낄 수 있게 해주기 때문이다(이러한 제의 설화는 또한 이스라엘의 가장 오
래된 종교에 대한 우리의 주요 자료이기도 하다). 창세기는 그것들로 가득
한 데 비해, 이후의 책들에서는 조금밖에 발견되지 않는다. 그

러한 설화들은 거의 대부분 하나님이 특정한 장소에 나타나셨다는 것에 근거한다.

우리는 이러한 설화들에서 종교사(Religionsgeschichte)의 시작을 갖는다.

d) 추가적으로 또 다른 종류의 일련의 설화 모티브들을 구별하자면, 지질학적이라 불릴 만한 것들이 있다. 그러한 지질학적 모티브는 장소의 기원을 설명하기를 원한다. 저 어마무시한 사막을 끼고있는 사해는 어디로부터 생겨난 것인가? 그 지역은 거주민들의 끔찍한 악행으로 인해서 하나님에게 저주를 받았다(19장). 여자를 닮은 저 소금 기둥은 어디로부터 왔는가? 저것은 하나님의 비밀을 몰래 엿듣고, 그로 인해 벌을 받은 롯의 아내였다가 소금기둥이 되어버린 여자이다(19:26). 그러나 어떻게 해서 소알 근처의 작은 마을은 저 두루퍼진 황폐화를 피하게 되었는가? 바로 야훼가 롯을 구원할 장소로 여기고 그곳에 해를 입히지 않으셨기 때문이다(19:17ff.).

이 모든 병인론적 설화 모티브들은, 그와 연관된 오늘날의 과학과는 멀리 동떨어져 있다. 우리는 그것들을 어린 시절을 떠올려주는 애틋함을 갖고 주시한다. 그러나 또한 그것들은 우리에게 학술적인 가치도 풍성하다. 왜냐하면 그것들이 특정한 상태를 전제하거나 묘사하는 한, 고대 세계를 아는데 가장 중요한 자료를 제공한다고 할 수 있기 때문이다.

8. 거의 언제나 설화 속에서 서로 다른 다양한 설화 모티브들이 연결되고 혼합되어 나타난다. 하갈의 도주 설화(16장)는, 그것이 이스마엘의 실존을 묘사하는 한, 민족지학적 설화라고 불릴 수 있으나, 그의 조건 상태들을 묘사하기를 바란다면 민족학적 설화라 불릴 것이다. 라해로이의 신성함의 근거를 제공한다면 제의적 모티브이지만, 동시에 어원학적인 모티브를 가진 이야기가 될 수도 있는 이유는, 그것이 이스마엘과 라해로이의 이름을 해설하기 때문이다.

벧엘 사화(28:10ff.)는 벧엘의 제의와 이름을 동시에 설명한다.

브엘세바 설화들은(21:22ff., 26장), 거기서 일어난 민족 조약을 설명하는 한 역사적 잔존물을 갖고 있으며, 동시에 장소의 신성함을 설명한다는 점에서 제의적인 것을 보존하며, 또한 어원론적이기도 하다.

브니엘 사화(32:23ff.)는 장소의 신성함, 브니엘과 이스라엘의 이름, 그리고 왜 허벅지 힘줄을 즐겨먹으면 안 되는지를 설명한다. 기타 등등 많은 예들이 있다. 특별히 어원론적 모티브들은 창세기의 오래된 이야기들에서는 독립적으로 등장하지 않고, 단지 부차적인 특징으로 사용된다. 그런 것이 전체 서술을 지배하거나 꽉 채우는 경우는 후대 화자의 발명품이다. 이는 야곱과 에서의 사화(Gunkel, 356)에 적용되고, 특별히 야곱의 아들들의 출

생 사화에서 두드러진다(Gunkel, 330).[17]

9. 이처럼 여러 사례를 통해 설화의 발생을 살폈다. 이름을 설명하려는 설화의 어떤 부분들은 대다수가 어원론적 모티브를 제시한다는 점이 명확해졌다. 브엘세바의 "일곱" 양들을 선물한 것(21:28ff.)은 분명 이름에 대한 설명을 위해 고안된 이야기며, 이삭의 어머니가 "웃었다"(18:12ff.)도 마찬가지다. 기타 등등의 예가 있다. 유다의 아들들, 엘, 오난, 셀라, 베레스, 세라(38장)에 관하여 이야기되는 것들도 실상은 유다 혈족의 사화 외에 다름이 아니다. 마찬가지로 세겜 설화(34장)로부터도 세겜 습격 사건 경험에 대하여 거의 확실하게 읽어낼 수 있다.

그렇게 분명한 모티브를 포함하지 않는 것처럼 보이는 설화 내지는 설화 단락들도 있다. 요셉 이야기의 큰 부분이 그러하다 (참조, Gunkel, 399). 더 나아가 속임수에 관한 이야기인, 야곱-라반-사화의 중심 모티브는 역사적인 반향으로도, 병인론적인 것으로도 이해되어선 안 된다. 우물에서 야곱이 라헬과 만난 것도 그런 류에 속한다. 그러나 우리가 어떤 설화에서 우리에게 명확

---

17. 표면적으로 Eerdmans의 판단(Alltest. Studien II 49)은 "거의 모든 설화"는 이름으로부터 발생했다는 것이다. 그러나 위에서 살폈듯이 설화들은 전혀 다른 동기들도 갖고 있으며, 헤브론, 소돔, 야곱과 라반 등과 같은 가장 오래된 설화에서는 어원론과 같은 것은 강하게 후퇴한다.

하게 보이는 듯한 모티브를 찾은 경우에도, 종종 전체 설화는
그렇게 설명될 수 없다는 것을, 오히려 그 곁에서 그러한 동일
한 종류의 해석을 빼앗아버리는 크고 작은 단락들을 포괄하는
것을 보기도 한다. 그래서 아브라함이나 이삭의 그랄이나 이집
트로의 이동은 어떤 식으로든지 역사적인 것을 반영한다 할지
라도, 아내를 넘겨주었다가 다시 받은 사건은 다른 종류의 기원
을 가질 것이다(Gunkel, 173). 세겜 도시에서의 습격은 역사적이지
만, 디나의 운명은 그렇지 않다(Gunkel, 371). 다말 사화 속에서 부
족 역사와 다말의 긴급한 결혼을 다루는 불명확한 설화 소재는
구별된다(Gunkel, 419). 가인 설화는, 가인의 현 조건 상태를 묘사
하는 한, 민족지학적 내용을 되풀이한다. 하지만 그가 아벨이라
불리는 자신의 형제를 죽인 것이 그렇게 설명될 수는 없다(Gun-
kel, 48). 각별히 주목해야 하는 점은, 우리에 의해서 해석되지 않
는 것이 언제나 이야기의 실제 근간이라는 점이다. 많은 경우,
설화-역사 평행(sagengengeschichtliche Prallele)이 우리에게 가르치는
바(§5, 2.4를 참고), 설화는 어떤 다른 곳으로부터 온 소재도 포괄한
다는 점이다. 예를 들어, 헤브론 설화(Gunkel, 200), 소돔 설화(Gun-
kel, 214), 롯의 딸들의 설화(Gunkel, 218), 이삭의 희생 설화(Gunkel,
242), 야곱과 라헬이 우물에서 만난 설화(Gunkel, 327), 브니엘에서
의 야곱의 씨름 설화(Gunkel, 364), 특별히 부정을 저지르는 이집
트 여인에 관한 설화(Gunkel, 421) 등이 그러하다. 야곱과 에서에

관한 사화에서(295ff., 315ff.) 그리고 야곱과 라반의 계약에 관한 사
화(Gunkel, 352)에서, 이스라엘에 대한 회고적 이해가 설화를 사로
잡았고, 이스라엘의 역사의 위대성을 그 안으로 끌어들였음을
볼 수 있다. 그렇기에 야곱과 에서는 이스라엘과 에돔의 역사적
민족들과 동일시 되었고 야곱과 라반의 계약에는 민족사적인
의미가 주어진다. 그러나 우리는 정반대의 사례도 상상해볼 수
있다. 역사적인 동기로부터 비롯한 설화, 혹은 어떤 질문에 대
답하기 위한 설화는 모든 종류의 시적인 것들을 덧붙여서 전혀
다른 동기를 자아낼 수도 있다. 예를 들어, 디나 사화와 다말 사
화가 그럴지도 모른다. 만약 우리가 모든 고대 설화에 어느 정
도 적용 가능한 이 관찰 전부를 한 그림으로 요약한다면, 조상
설화에서 다루어지는 설화 소재들은 전적으로 역사적인 기원
도, 병인론적인 기원도 아니라는 판단에 도달하게 될 것이다.
이야기 혹은 이야기 소재의 많은 것은 이스라엘의 입에서 새로
운 의미를 갖기 이전부터 존재했어야만 한다.[18] 그것들은 아름
다운 사화로서 오랜 세월 떠돌아다녔을 것이며, 그 기원은 순전
히 상상의 산물일 것이다. 이 주석에서 그와 같이 불분명한 단

---

18. 이러한 결과는 개별 설화들에 대한 나의 반복적인 조사를 통해 도
    달했고, 또한 Ed. Meyer, Israeliten 250ff.가 도움이 되었다. 또한 나는
    Wundt, Volkerpsychologie II 3 (1909) 360, 418 und Greßmann, ZAW
    XXX 11ff., 18, 20, 23에서도 재차 확인한다.

락들이 더 나은 표현을 찾기 힘든 경우에는 "노벨레 적"(novellistisch)으로 명명될 것이다. 아마도 어떤 사람들은 "동화 적"(märchenhaft)이라는[19] 표현을 더 선호할지도 모르겠다.

---

19. 창세기 속 "동화적"인 것에 대해서는 §3, 16과 이 주석서의 색인의 "Literarisches"라는 표제어 아래에서 찾을 수 있다. 또한 "Stillisti-sches"라는 표제어도 참고하라. Greßmann은 ZAW XXX 12ff.에서 이 러한 고대 이야기들을 직접적으로 "동화"라고 부른다. 그러나 주의 해야 할 것은, 대체적으로 창세기 속에 동화 고유의 상상은 결여되어 있으며, 더 나아가 창세기의 이야기들은 동화와는 달리 매우 간단하 게 구성되었다는 점이다.

제3장
창세기 설화들의 예술 양식

1. 창세기 설화의 아름다움은 예로부터 감수성이 풍부한 독자들을 매료시켰다. 화가들이 자신들의 그림을 그릴 소재로 창세기의 내용들을 취한 것은 결코 우연이 아니었다. 많은 학자들은 이러한 이야기들의 아름다움에 별다른 감동을 받지 않은 것으로 보이는데, 왜냐하면 아마도 그들에게는 미학적인 정취가 학문의 진지함과는 연결될 수 없다고 보았기 때문일 것이다. 당연히 우리는 그와 같은 편견을 공유하지 않는다. 오히려 우리는 이 설화들의 예술 양식에 주의를 기울이지 않는 사람들이 고상한 즐거움을 버렸을 뿐만 아니라 심지어 창세기를 이해하겠다는 학문적 과업마저도 성취할 수 없을 것이라고 생각한다. 이러한 설화의 고유한 아름다움에 대한 것이야말로 학문적 자격을 갖춘 질문이며, 그 대답은 동시에 창세기의 내용과 또한 창세기의 종교 안에서 주어진다.

2. 첫 번째 질문은, 이 이야기들의 양식이 산문이냐 운문이냐에 관한 것이다. 일반적으로 지금까지 구약의 모든 이야기들은 산문으로 쓰였다는 관점이 지배적이었다. 그러나 이러한 가정은 히브리 시학에 신기원을 이룬 독문학자 에두아르트 지페르스(Eduard Sievers)를 통해 논쟁의 주제로 떠올랐다. 지페르스는 위대하고 통찰력이 풍부하고 창세기를 운문으로 분류한 연구서, Metrische Studien II, Hebräische Genesis (1904, 1905)를 출판했다.

최초의 창세기의 문체는 어떠했을까? 구약의 다른 모든 이야기들과 마찬가지로 창세기 이야기의 특징은 수준 높고 우아한 문체가 전혀 아니다. 창세기는 오히려 대화의 모든 수사를 없애려고 한다. 즉, 화자들은 대상을 가장 간단한 표현으로 분명하고 명쾌하게 나타내려고 애썼다. 심지어 비유, 웅변적 표현, 수사적 형용사, 시적 중문 구성, 상세한 서술적 묘사 등도 허용되지 않았다. 격정과 열정은 실상 이야기에서 완전히 물러나게 되며, 나누는 대화 속에서도 수줍게 등장한다(19:8의 대화 속에 나타난 시적 표현이 한 실례이다). 열혈적인 히브리 민족이 그와 같이 차분하게 이야기를 들려준다는 점은 이상할 정도다. 이러한 화자들은 열렬한 예언자들과는 전혀 다른 계층의 사람들처럼 보인다! 또한 두 개의 나뉘어진 문장 사이에 중심 사유를 두는, 소위 '평행구문'(Parallelismus der Glieder)이라는 히브리 시 문체의 가장 특징적인 것조차도 설화에서는 발견되지 않는다. 이야기를 들려주는 문체의 이러한 침묵과 희미함은 고대 사화의 소탈한 미를 상당 부분 상기시켜 주는 듯하다. 이러한 문체의 가장 명확한 예외가 바로 '야곱의 축복'(49장)으로, 이는 이야기가 아니라 시이며, 따라서 본래는 창세기에 속하는 부분이 아니었다. 더 나아가 어떤 특정 시점, 이야기의 절정에서, 특별히 설화가 기적을 불러일으키는 단어들로 보고될 때, 동화에서 마법의 주문이 시적인 형태를 갖는 것처럼, 또 고대 브라만 문헌이나 불교 문헌에서 "가장 중요한 순간의 연이 시적인 격언의 형태로 이야기의 표현과 도덕을 총괄하는 것"(이것은 서사적 산문의 진행을 잠시 중단킨다)처럼, 활기가 넘치는 시적인 문체가 된다.[1] 리트만에 의해 번역된 티그레어로 쓰인 현대 부족 설화도 비슷하며,[2] 스칸디나비아인들의 스칼데나 아일랜드의 시인에게서도 그와 같은 것이 발견된다.[3] 이러한 문체에 대한 관찰을 통해 (우리가 실수하지 않았다면) 또한 이야기의 운율 형식에 대해서도 판단할 수 있다. 이러한 단순성을 지닌 이야기들은 엄격한 운율 구조를 가질 수 없다. 여기서 우리는 반드시 그러해야만 했던, 즉 주어진 리듬에

1.　Geldner, Art. Gāthā, RGG를 참고하라.

2.　Orient. Studien. Th. Nöldeke gewidmet 947, 953ff.

3.　Oldenberg, Literatur des alten Indiens 45.

의해 어떤 식으로든 요구되었을지도 모르는 단어의 선택이나 단어의 위치에 대한 흔적을 전혀 찾아볼 수 없다. 또한 별다른 의미는 없지만 운율적 통일성을 위해서 채워지는 허사들(Flick-worte), 혹은 지페르스(I 376)가 부당하게 소환했던, 중세 운문 연대기에서나 볼 수 있는 리듬으로 인한 자연스러운 표현에서의 크고 작은 이탈들도 전혀 발견할 수 없다. 그러나 운율처럼 보이는 것이 등장하는 것이 있는데, 이는 단지 히브리 단어의 억 억양격(抑抑揚格) 리듬(anapästische Rhythmus)과, 두서너 개의 주요 단어들을 논리적으로 결합하려는 언어습관으로 인한 것이다. 확실히 훌륭한 히브리 산문에는 리듬을 타는 듯한 화음이 있어서 어느 정도 확실하게 파악될 수 있다. 그러나 이러한 산문-리듬은 한결같이 "매끄러운" 박자를 지닌 것이라기보다는 단지, 시의 자유로운 "혼합 운율"(Mischmetra, Sievers I 129ff.)과만 비교될 수 있다.[4]

---

4. 창세기의 운율 구조를 증명하려는 Sievers의 시도가 중요한 이유가 구약 연구를 사로잡은 최초의 운율학자라는 저자의 신상 때문만은 아니다. 만약 이 시도가 성공적이라면, 우리는 본문 비평과 특별히 자료 비평에 있어서 놀랍도록 중요한 새로운 도구를 얻게 될 것이다. 그러나 안타깝지만 Sievers의 견해는 다음과 같은 이유로 궁지에 몰린다. a) Sievers 스스로도 솔직히 인정하기를, "동일한 단어 나열도 완전히 다른 것을 강조할 수도 있다"(II 168). Sievers에 의하면 "베네 노아"(בְּנֵי־נֹחַ) 혹은 41:25의 "에트 아셰르 하엘로힘"(אֲשֶׁר אֱלֹהִים אֵת)은 하나 혹은 두 개의 뉘앙스로, 2:6의 "에트-콜-페네 하 아다

마"(את־כל־פני־האדמה, I 383 II 7), 41:8의 "에트-콜-하르투메 미쯔라임"(את־כל־הרטמי מצרים, I 387, II 125), 41:9의 "에트 하타이 아니 마제키르"(את־הטאי אני מזכיר, I 387, II 125)는 둘 혹은 셋의 뉘앙스로 읽혀진다. b) 아무리 엄격하고 불필요한 것을 용납하지 않는 문체로 설명된 본문이라 할지라도, 특별히 Sievers처럼 뛰어난 언어학자에게는, 적절한 운율을 요구하기 위해 하나 이상의 단어를 삭제하거나 혹은 여백을 수용해야하는 것이 어렵지 않다. 이러한 "여백"이나 "보충" 목록은 II 217ff.를 참고하라. 전승된 본문에 그와 같은 변화가 이따금씩 주어져야 한다는 사실에는 의문의 여지가 없다. 또한 종종 Sievers가 훌륭한 솜씨로 이를 수행해냈음을 인정해야만 한다. 그러나 a)에서 언급된 편차, 즉 강조점이 선택 가능하다는 사실로 인해 결과의 확실성이 크게 감소하게 된다는 것도 마찬가지로 의심의 여지가 없다. c) 또한 다음과 같은 내용도 뒤따른다. 대다수의 사람이 알고 있듯, 히브리 서정시에서 의미를 주려고 하는 부분은 눈에 띄게 드러난다. 따라서 이러한 논리적 단락들은 지금까지 운율적 통일성의 유일한 특징이었고, 또한 모든 운율적 구성 시도에 주어진 기본적인 토대였다. 많은 경우 이러한 구별은 너무도 명확해서 운율의 특징에 대한 아무런 지식이 없이도 단지 의미만을 통해서 도출될 수 있고, 리드미컬한 구별도 종종 확실하게 이루어진다. 그러나 이 도구는 논리적 구별을 쉽지 않게 만들고 많은 경우 리듬에 대한 여러 해석이 가능하다는 점에서 우리를 곤란하게 만든다. 그리고 이제 Sievers는 많은 히브리 이야기들이 운율로부터 자유로워서, 휴지부와 행의 시작이 반드시 의미 단락과 일치하지 않는다는 것("Sinnesverdeckung der Zäsuren"와 "Enjambement" II 167)을 인정하는 한, 리드미컬한 중지의 논리적 근거를 내려놓는다. 결국 자유 선택에 문을 개방하는 것이다. 이러한 수단을 적용하게 될 때, 온갖 다른 결론들이 도출된다는 점을 확인하고 싶다면 Sievers 자신이 I 382ff. 386ff. II 6ff. 124ff. 등에서 수행한 창세기 2장과 41장의 매우 다른 운문화(Versifikation)를 보라. 그리고 Erbt의 시도(Urgeschichte der Bibel, Mitteilungen der

Vorderas. Ges. 1904 Nr. 4)도 동일한 원리를 따른다. d) 게다가 Sievers
는 일반적으로 채택되는 세 가지 자료 문서 J, E, P의 14개의 하위 자
료에서, 현재의 텍스트에 다채롭게 혼합되어있을 다양한 운율 가닥
들을 주장한다. 즉, 지금까지 언급한 보조수단을 사용해도 운율적 도
식으로 강제할 수 없었던 문장을 차단시킨 다음에 다른 자료로 이
양시킬 수 있다는 것이다! 그러나 이러한 하위 가닥들은 문학적 단
위로 생각하기 어렵고 무엇보다, 후대의 추가된 내용들이 본문과 다
른 박자를 갖고 있다(II 216)는 가정도 너무 이상하다. 마치 용어 주
석가가 호메로스에 약강격의 삼음보시행으로 무언가를 추가한 것
처럼. Ed. Meyer. Israeliten VII를 참고하라. e) Sievers의 전체 운율 본
문 구성에 대한 결정은 실제적인 근거로 자료 구분을 명백하게 확
인할 수 있는 곳곳에서 확인될 수 있다. 나는, Sievers의 작품을 최대
한의 기대감을 갖고 취하여 위대한 운율학자에게 배우겠다는 의지
로 그것을 검토했다고 자신있게 말할 수 있다. 그러나 나의 결론은
놀랍게도 때때로 새로운 것들을 가져오는 Sievers의 자료 구분은 거
의 아무 곳에서도 증명되지 않는다는 것이다. 각 주해마다 있는 "자
료 구분"(Quellenscheidungen)이라는 표제 아래 내용을 참고하라. 또
한 Sievers는 많은 단락에서 서로 합쳐진 것을 구별하거나 합쳐지지
않을 것을 연결시킨다. 따라서 그의 가능성 없는 자료 구분으로 인해
전체 체계는 수포로 돌아간다. 그럼에도 어떤 것들, 특별히 본문 비
평에서 그에게 배울 것이 많고, 히브리 운율에 대한 그의 놀라운 업
적의 가치가 저런 것으로 인해 감소되지 않음을 분명히 덧붙인다.
Procksch는 그의 책 Nordhebräisches Sagenbuch 210ff.에서 대체적으
로 Sievers를 따르지만, 몇몇 군데서 그와 다른 입장을 취하며 무엇보
다 Sievers의 하위 가닥들에 대해서는 의구심을 품는다. 즉, 개별 이
야기들은 종종 다양한 운율을 가지며 때로는 운율이 변하기도 하는
데 7조는 6조나 3조와 혼합되곤 한다는 것이다. 그러나 그러한 가정
으로 인해 가설 전체가 흔들린다. Procksch는 그의 원칙에 따라 운율
을 구성한 전체 본문을 제시하겠다는 그에게 주어진 임무를 공격하

3. 설화들은 기록될 때 이미 너무 오랜 것이었기에(§4,5를 참고) 창세기의 언어가 고풍스러운 것은 당연한 것이다. 이는 번역에 반드시 반영되어야 한다.

우리는 성서 및 성서 외적 개별 설화들, 특별히 창조 사화, 홍수 사화, 낙원 사화 등의 변형들—강한 리듬 형식, 열정적이면서도 시적인 문체를 갖고 있는—을 알고 있다. 이러한 변형들은 창세기에 전래된 것들보다 더 오랜 것이므로, 이러한 다른 설화들은 시적인 형태를 갖고 있었을 것이라 충분히 추측해볼 수 있다. 더 오래된 장르의 시적 문체는 후대의 산문적인 것과 구별되어야 한다. 마치 독일 영웅찬가(Heldenlied)가 후대의 '민속본'(Volksbuch)과 구별되듯이 말이다. 그러나 더 오래되었고 시적인 형태에 대한 추측은 단지 신화와 성소 설화들(§3, 5)에만 해당한다고 추측해볼 수 있을 것이다.

4. 두 번째 질문은 이러한 시 작품이 민간전승에 속하는지 아니면 특정 시인의 저작에 속하는지에 관한 것이다. 이 질문은

지 않았고, 그 이후의 개별 암시들에 대해서만 스스로를 제한했다. 창세기의 이야기들이 그 속에서 움직이고 있는 자유로운 리듬을 후세대들은 과연 발견하는데 성공할 수 있을까? 어쨌거나 그러한 시도는 본문 비평을 적절하게 사용할 때 더 큰 설득력을 갖게 될 것이다.

현대 연구자들에 의해서 제대로 판단되었는데, 즉 창세기는 민간 구술전승을 기록한 것이다. 우리는 저 '민간전승들'(Volkstraditionen)이 대체 어떻게 발생했는지 명확하게 말할 수 있다. 당연히 이론상 그러한 시를 지었던 누군가가 있다. 현재 그와 같은 민간전승들의 고유한 특징은, 우리가 언어처럼 그 발생을 관찰할 수는 없었으나, 우리가 그로부터 들을 수 있는 것들은 고대의 조상으로부터 물려받은 자산으로 드러난다는 점이다. 처음에 그것들을 지은 시인과 그것이 우리에게 전달되는 그 기간 사이에는 긴 시간적 간극이 놓여있다. 그러나 이러한 기간 동안 그것들은 이 세대에게서 저 세대로 계속해서 이야기되었으며 수많은 사람의 손을 거쳤다. 아무리 그러한 설화들이 충실하게 전파되었다 할지라도, 수세기에 걸친 그 경로 가운데 변형이 일어났다(§4 참고). 그리고 그로 인해 설화는 마침내 민족들의 공동의 결과물이 되었다.[5] 설화의 이러한 변형은, 최소한 더 초기 단계에서는 무의식적으로 일어난 것으로 보인다. 후대의 모

---

5. A. l'Houet, Zur Psychologie des Bauerntums, 1905, 34은 그러한 민간전승의 역사를 다음과 같이 인상적으로 묘사한다. "[그것은] 하나의 공통된 주제에 대하여 하나의 부족의, 더 나아가 그 부족의 오랜 과거 세대의 공동 작업과 같다. 할아버지나 할머니가 손주일 때도 몰랐던 변화, 평생 손 대지도 않았지만, 많이는 아니고 아주 조금씩 가장 작은 변화가 발생했다. 마치 어떤 강이, 그 흐르는 모든 물가의 흔적을 안고 있는 것처럼."

양에서나 비로소 이야기의 의식적인 변경에 대해서 말할 수 있을 것 같다. 화자나 청자들은 설화들을 '참된' 역사라고 생각했다. 이것이 구약 설화에도 적용된다는 것을 우리의 역사서들이 보여주는데, 역사서에서 화자들은 너무 자연스럽게 설화에서 실제 '역사적' 이야기들로 옮겨가며, 계속해서 설화에 속하는 것들과 역사에 속하는 것들을 혼합한다. 또한 참으로 진지하게 사실적인 내용을 확립하려는 모습이 설화 자체에서도 확인된다. 예를 들어, 여자가 남자의 갈비뼈에서 취해졌으므로, 남자는 결합을 갈망한다. 그러므로 화자에게 있어서 이러한 사화는 어떤 아이디어가 시적인 옷을 입은 것이 아니라 실제 발생한 사건이다. 실상은 이러하다. 즉, 설화는 시와 현실을 명확하게 구별할 정신적 능력이 없던 시대와 집단으로부터 유래한 것이다. 그러므로 만약 현대의 학자가 낙원 사화를, 전혀 사실성을 의도치 않은 단순한 알레고리로 주장한다면, 그것은 결코 작은 실수가 아니다.

　더 나아가 설화는 온 민족의 산물이기 때문에, 그들의 정신의 표현이기도 하다. 이는 우리가 창세기의 진술들을 평가함에 있어서 큰 의미를 지닌다. 그리고 우리가, 창세기가 제공하는 판단들과 정서들을 거대 집단의 공유재산으로 여기는 것은 정당하다.

5. 따라서 우리는 구술전승 속에 존재했던 모습의 창세기를 고려해야 한다. 설화들을 이해하려면 먼저 그것들이 들려지던 상황을 그려보아야 한다. 우리는 출애굽기 12:26-27, 13:14-15, 여호수아 4:6 등에서 그러한 상황에 대해서 듣는다. 만약 자녀가 거룩한 관습들의 근거나 거룩한 상징들의 의미에 대해서 묻는다면, 아버지는 자녀에게 그에 관한 역사를 설명함으로써 그것들에 대해 대답해야 할 것이다. 그처럼 사해를 바라보며 소돔 사화가 어떻게 이야기되었는지, 벧엘의 높은 곳에서 벧엘 설화가 어떻게 이야기되었는지 상상해보라. 그러나 우리가 생각해보아야 할 일반적인 상황은 이러하다. 어느 한가한 겨울밤 난로 주변에 가족들이 둘러앉아있다. 어른들과 특별히 아이들은 저 옛날의 그리고 아름답고 또 이미 자주 들었던 고대의 역사들을 흥미로이 듣고 있다. 우리도 거기에 끼어서 그들과 함께 같이 듣는 것이다.

많은 설화가 나름의 독특하고 예술적인 문체를 갖고 있어서 (이어지는 내용 참고), 사람들은 이러한 형식으로 인해 그것들을 민족들의 산물로 이해하는 데 어려움을 느낄 수 있다. 그러나 우리는 이스라엘은 아랍이나 기타 많은 민족들이 과거나 심지어 오늘날에서처럼 '전문적인 이야기꾼'(Geschichtenerzähler) 계층이 있었다고 가정해야만 할 것이다. 그와 같이 옛 노래와 옛날 설화들에 능한 민중 이야기꾼(Volkserzähler)은 방방곡곡을 돌아다니고,

아마도 민중 축제 등에도 나섰을 것이다.

우리는 앞서 살펴본 것처럼(본서 §3,4), 현재의 산문체의 이야기들은 적어도 일부 설화에서 아마도 시적 형태를 가지고 있었을 것이다. 이러한 노래들에 대하여 우리는 다른 상황을 가정할 수 있다. 즉, 동방의 운율을 따르는 형식을 갖춘 마르둑에 대한 바벨론 창조시의 실례를 떠올려볼 수 있는데, 그것은 아마도 거룩한 축제에 거룩한 장소에서 어떤 제사장들에 의해 불렸을 성소에 관한 노래로 거슬러 올라갈 수 있는 제의 설화로 보아야 할 것이다(본서 §2,7 참고). 그러나 어찌되었건 우리의 성소 설화들은 더 이상 노래로 불리지 않으며, 그것들의 고유한 희미해진 성향이 보여주듯, 이러한 형태는 성소 그 자체에서보다는 민간 전승에서 들리는 것이다.

6. 또 하나의 새롭고 근본적인 질문은, 창세기 연구에서 우리가 가장 먼저 조사하고 즐길 수 있는 표준적인 단위가 제공되는가에 관한 것이다. 처음에는 여러 종류의 단위들이 고려된다. 가장 포괄적인 단위는 오경 전체이며, 그 다음이 창세기고, 그 다음은 설화 모음집이고, 그 다음이 그에 선행하는 것들로서 그 책에 있는 개별 설화들이다. 이러한 것들 중에서, 개별 설화들을 또 구별해야 하는데, 예를 들면 하갈의 도주 이야기(16장)나 혹은 이삭의 희생 이야기(22장) 등이 있고, 또한 더 많은 설화들

을 묶은, '설화 묶음들'(Sagenkränzen)이 있는데, 아브라함과 롯의
운명부터 그들의 자녀들의 탄생까지 다루는 설화 묶음이 있고,
혹은 야곱이 에서 그리고 라반과 겪은 경험을 하나의 이야기로
묶은 것이 있으며, 또한 요셉을 영웅으로 다루는 것도 여기에
포함된다. 우리는 이 모든 구성 단위를 고려해야만 한다. 그러
나 먼저 질문 하나가 떠오른다. 이것들 중 어느 것이 중심 줄거
리로 여겨져야 하는가? 구술전승 속 이러한 구성 단위 중 어느
것이 본래의 것인가? 이러한 질문은 많은 유사한 경우에서도
종종 반복된다. 예를 들어, 악보 모음집의 중심 구성 단위는 특
정 곡 모음 분류인가, 아니면 한 곡씩인가? 복음서의 중심 구성
단위는 예수에 의해 전달된 개별 담화인가 아니면 어록인가?
요한계시록의 구성 단위는 작품 전체인가, 아니면 각각의 계시
자료인가? 창세기의 결정적인 의미를 이해하기 위해서, 이러한
질문들에 의식적으로 주의를 기울이고 또한 바르게 대답해야
한다. 민간 설화는 그 본성상 각각의 설화의 형태로 존재한다.[6]
후대에야 비로소 수집가들은 그와 같은 여러 설화들을 모으거
나 혹은 시인들은 그것들을 가지고 더 큰 예술품을 만들었다.

---

6.   Reuß A.T. III 73: 족장 설화들은 "본래 개별적이고, 결합됨 없이 서로
     에게서 독립적이다." Wellhausen, Composition 3. Aufl. 8: "민간 구술
     전승은 오직 개별 사화만 알고 있다." 또한 Prolegomena 6. Aufl. 294,
     334과 비교.

이 일은 히브리 민간 설화에서도 마찬가지로 발생했다. 이에 대한 가장 분명한 증거는 창세기의 설화들이 현재의 형태로 존재한다는 것이다. 오래된 형태로 보존된 모든 개별 설화는 하나의 완성된 전체를 구성한다. 누구라도 그 시작점을 알 수 있고, 결말 지점도 쉽게 알아챌 수 있다. 아브라함은 자신의 아들이 어느 한 여성과 결혼하기를 원한다. 아브라함은 너무 나이가 많아서 자신의 가장 나이 많은 하인을 보낸다. 이 이야기는 이렇게 시작한다(24장). 뒤이어, 이 종이 어떻게 적절한 소녀를 찾아 고향으로 데려오는지 보고된다. 나이 많은 주인은 그동안 죽는다. 그리고 청년은 신부를 맞아, '아버지를 잃음에 대하여 위로를 받는다.' 누구라도 이 사화가 여기서 끝난다는 걸 알아챌 수 있을 것이다.

아브라함은 하나님으로부터 자신의 아들을 희생시키라는 명령을 듣는다. 이것은, 완전히 새롭게 도입되는 '극의 알림'(Exposition)이다(22장). 우리는 이제 어떻게 아브라함이 결단을 하고 행동했는지 듣는다. 마지막 순간에 하나님 자신이 그 희생을 가로막는다. 이삭은 아브라함과 함께 있다. 그러고 나서 그 둘은 브엘세바로 되돌아온다. 이와 같이 이야기가 도입될 때마다 사람들은 알아차린다. 무언가가 새롭게 시작되어야 한다. 그리고 마지막도 분명하다. 꼬였던 매듭이 행복하게 풀린다. 아무도 "그래서 다음은?"이라고 물을 수 없을 정도로 말이다. 그와 마찬가지로 개별 설화들의 구성 단위는 바로 그 구성 단위의 정서를 통해서 암시된다. 이삭의 희생 제사에 관한 사화(22장)에서는 감동이, 이삭이 야곱에게 속는 사화(27장)에서는 유머가, 소돔 사화에서는 도덕적 엄격함이(19장), 탑 건설 이야기에서는 전능하신 하나님에 대한 경외감이(11장) 지배적이다.

만약 곧바로 새로운 이야기들을 읽어나가면 그것은 독자들에게 한 감정을 다른 감정으로 억지스럽게 옮겨놓아, 많은 이야기들을 완전히 엉망으로 여기게 될지도 모른다. 오히려 모든 현명한 화자들은, 어느 하나의 사화가 끝난 다음에, 상상력을 회복할 수 있는 휴식 시간을 제공하며, 청자는 그 안에서 자신이 들은 것을 다시 한번 되새기고 감정의 소모를 멈출 수 있다. 예를 들어, 이삭의 희생제사 사화에 참여한 사람은 계속 견뎌왔던 충격으로부터 휴식을 취하고 회복할 필요가 있다. 특히나 현재의 정황을 정당화하기를 원하는 이야기들(참조, Gunkel, §2,3, §2,5-8)은, 반드시 마지막에 청자들로 하여금 이야기 속에서 선포된 예언과 그것의 성취를 비교하는 휴식시간을 요구한다. 낙원 사화, 홍수 이야기, 그리고 노아의 술취함에 관한 이야기 등의 결말을 떠올려보라.

후대에, 이와 같은 개별 설화들은 더 큰 구성 단위인 '설화 묶음'으로 형성되었고, 그 안에서 각각의 설화들이 어느 정도 예술적으로 통합되었다. 그러나 대부분의 경우, 어려움 없이 이와 같은 연결에서 본래의 단락들을 끄집어 낼 수 있다. 아브라함과 롯을 다루는 설화 묶음은 다음과 같은 사화들로 명백하게 나뉘어질 수 있다. 1) 아브라함과 롯의 가나안으로의 여정, 2) 벧엘에서의 결별, 3) 헤브론의 신현, 4) 소돔의 멸망, 5) 암몬과 모압의 탄생, 6) 이삭의 탄생. 야곱-에서-라반 설화 묶음은 야곱-에서 설화, 야곱-라반 설화, 열두 부족의 탄생에 관한 설화 및 몇몇의 삽입된 제의 설화들이 덧붙여져 구성된다. 요셉 사화에도 요셉이 자신의 형제들과 겪은 경험에 관한 이야기, '보디발의 아내'에 관한 이야기, 감옥에서의 꿈 해석에 관한 이야기, 파라오의 꿈에 관한 이야기, 이집트의 농사 문제에 관한 이야기 (47:13ff.) 등이 서로 강한 대조를 이룬다. 이로부터 개별 설화들은 언제나 각각 그 자체적으로 설명되어야 한다는 결론이 도출된다. 독립적인 이야기일수록 더 오래된 형태를 보존한다는 것은 확실하다. 개별 설화들에 존재하는 이러한 '연결'은, (연구자의 단순한 주장이 아니라면) 많은 경우 후대의 산물이다.[7] 거의 아무런 전제 조건들이 없는 고대 설화의 한 실례로서, 하갈의 도주에 관한 이야기(16장)를 취할 수 있는데, 우리가 알 수 있는 것은 아브라함이라는 남편과 사라라는 아내가 있었다는 것 뿐이다. 나머

---

7. Wellhausen, Prolegomena 6. Aufl. 334: "개별 이야기의 개성은 본질적인 것이며 본래적인 것이나, 연결은 부차적인 것으로 수집과 기록을 통해야 처음으로 들어왔다."

지는 전부 설화 그 자체로부터 들을 수 있는 것이다. 그보다 더 후대의 이야기의 한 사례로서 리브가의 중매에 관한 설화가 있다(24장). 이 설화는 완전히 다른 사화에 그 자리를 잡은 이야기를 전제로 하는데, 바로 아브라함의 친척 관계와 그의 이향, 그리고 노년에 얻은 아들 이삭이 그의 유일한 아들일 것이라는 이향 중의 야훼의 약속 등이 여기에 포함된다.

그러므로 우리가 가장 먼저 고려해야 할 것은 개별 단위의 설화이다.

7. 그와 같은 이야기의 범위는 얼마나 큰가? 많은 창세기 이야기가 거의 10절 남짓으로 제한된다. 노아의 술취함에 관한 이야기, 탑 건설에 관한 이야기, 아브라함의 이집트로의 이주에 관한 이야기, 하갈의 도주 이야기(16장) 혹은 이스마엘의 추방(21:8ff.)에 관한 이야기, 아브라함의 시험에 관한 이야기(22장), 벧엘(28:10ff.) 및 브니엘(32:25ff.)에서의 야곱에 관한 이야기 등이 그러하다. 이처럼 짧은 사화들과 나란하여, "상세히 서술하는" 이야기들이 있는데, 대략 한 장을 포괄한다. 낙원 사화, 가인의 형제 살해 이야기, 홍수 이야기, 헤브론에서의 신현에 관한 이야기(18장), 리브가의 약혼에 관한 이야기(24장), 야곱에게 속는 이삭에 관한 이야기(27장) 등이 그러하다. 후대의 설화 묶음에서는 이러한 크기를 비로소 넘어선다. 설화의 이와 같은 범위는 오늘날

의 작품들과는 매우 강하게 구별된다. 요셉 사화와 같이 창세기의 가장 복잡한 설화 구성이라 할지라도, 현대의 척도로 보자면 대단한 것이 아니며, 오히려 현대인의 취향에 따르면 그러한 개별 설화들은 놀라울 정도로 짧다. 설화들의 이와 같은 짧은 범위는 그 고유한 특징이기도 하다. 그것들은 모두 몇 안 되는 단어로 충분히 설명될 수 있는 간단한 사건들을 다룬다. 그리고 이러한 범위는 동시에 화자의 예술 및 청자의 인식 능력 모두에게도 적절한 것이다. 고대의 화자들은 그보다 더 큰 범위의 예술작품을 만들어낼 수 없었을 것이다. 그들은 또한 청자들에게, 하루, 심지어 일주일 기간의 집중력을 잃지 말라고 요구할 수도 없었을 것이다. 오히려 고대에는 15분도 되지 않은 짧은 창작물로 만족했다. 이야기가 끝나면 청자의 상상력은 충분히 채워지고 그의 이해력도 소진된다. 그리고 이야기가 끝났을 때, 청자들은 오늘날 우리의 자녀들처럼 같은 이야기를 또 다시 듣기를 원했다고 충분히 추측해볼 수 있다.

한편, 동시에 우리는 후대에 기원한, 짧은 설화로는 더 이상 만족할 수 없는 이야기들도 확인한다. 더욱 성숙하게 형성된 미적 감수성은 그것을 표현하기 위한 더 큰 공간을 필요로 했다. 그래서 더욱 거대한 구성이 이루어졌다. 이와 같은 설화의 증폭은, 특별히 설화를 기록하면서부터 더욱 장려되었다. 본질적으로 글로 쓰는 것이 말로 하는 것보다 더 광범위하다. 왜냐하면

귀로 들을 때보다 눈으로 읽을 때 더 큰 구성 단위를 이해할 수 있기 때문이다. 이는 또한 설화의 나이에 대한 척도이기도 하다. 물론 이것은 신중하게 다루어져야 한다. 곧, 설화가 짧을수록 아마도 그것이 더 오랜 형태를 유지하고 있을 개연성이 높다.

그와 같은 설화의 짧음은, 우리가 보았듯이, 고대 예술이 빈곤함을 보여준다. 그러나 동시에 이러한 예술적 빈곤만이 갖는 장점도 있다. 화자가 활동하는 바로 그 작은 범위는 그에게 최소한의 요점들에 집중하게 만드는 예술적인 능력을 갖추게 만들었다. 그러므로 이 창작물들이 그토록 짧지만 또한 그토록 집중적이며, 따라서 그 영향력은 크다. 그리고 동시에 이 작은 예술품이 보여주는 단순한 이해력은, 가능한 한 이야기들을 분명하고도 명쾌하게 구성하게 만드는 데로 이어졌다.

8. 후자의 내용을 이해하기 위해서, 무엇보다 배열을 살펴야 한다. 길고 자세한 이야기뿐 아니라 짧은 이야기들도 장면들(Szenen)이 날카롭게 구성된다. 우리는, 인물이나 무대나 태도 등의 전환으로 인해서 서로 구별되는 이야기들의 작은 부분들을 '장면'이라 부른다. 노아의 술취함에 관한 사화(9:20ff.)는 다음과 같이 배열되어 있다.

도입: 노아의 술취함

I. 사건

  1) 수치를 모르는 가나안

  2) 효성이 지극한 셈과 야벳

II. 선포

  1) 가나안에 대한 선포

  2) 야벳과 셈에 대한 선포

낙원 사화 3장은 다음과 같다.

I. 죄

  1) 뱀이 여자를 유혹하다

  2) 여자와 남자가 죄를 짓다

  3) 결과: 무죄성의 상실

II. 심문

III. 형벌

  1) 뱀에 대한 저주

  2) 여자에 대한 저주

  3) 남자에 대한 저주

IV. 결말: 추방

이야기들은 이와 같이 아름답고 분명한 구조를 통해서, 모든 미적 효력의 전제조건이라 할 수 있는 명료성의 인상을 얻게 된다. 이처럼 전체는 부분으로, 더욱 작은 부분으로 나뉘어진다. 각각은 그 자체로도 쉽게 알아 볼 수 있고 서로의 관계도 분명하다. 그리고 이 배열들은 어렵사리 고안된 것이 아니라, 마치 사물의 본질에서 자연스럽게 흘러나오는 것 같다. 예를 들어, 낙원 사화에서의 그 배열은 내용과 아주 잘 들어맞는다. 타락의 순서는 뱀-아내-남편으로 진행된다. 심문은 반대로 시작하여 되돌아가므로, 그 순서는 역전되어 남편-아내-뱀으로 진행된다. 형벌은 주요 범인에게 먼저 주어지므로, 따라서 원래의 순서대로 돌아온다. 뱀-아내-남편. 따라서 현대의 독자들은 이러한 구성에 주의를 기울여야 한다. 왜냐하면 이를 통해서 사건의 진행과정을 파악할 수 있기 때문이다.

9. 또한 설화 이야기꾼은 오늘날의 소설가들이 해낼 수 있는 여러 가지들, 즉 동시에 많은 사람이 등장하는 것을 자신의 청자들로 하여금 기대하지 않게 했다. 이야기꾼이 우리들에게 보여주는 바, 많은 수의 인물이 등장하는 경우는 극소수다. 당연히 하나의 갈등에는 최소한 두 명이 연루되기 때문에, 등장인물의 최소값은 두 명이었다. 그래서 아브라함과 롯의 결별에 관한 이야기(13장), 에서의 장자권 판매 이야기(25:29ff.), 브니엘 사

화(32:23ff.)에 두 명이 등장한다. 그리고 아내의 창조 사화(하나님, 인간, 여자), 가인의 형제 살해(하나님, 가인, 아벨), 동굴에서의 롯에 관한 이야기(19:30ff.), 이삭의 희생 제사(22장)에는 세 명이 등장한다. 낙원 사화, 아브라함이 이집트로 이주하는 이야기(12:10ff.), 하갈의 도주(16장), 이삭이 야곱에게 속는 이야기(27장)에는 네 명이 등장한다.

물론 더 많은 사람이 등장하는 이야기들도 있다. 리브가의 중매처럼 '상세히 서술하는' 사화(24장) 그리고 특별히 야곱의 열두 아들에 관한 이야기가 그런 것들에 속한다. 그러나 화자들은 여기서도 단순성과 명료성에 관심을 갖는다. 따라서 많은 경우, 다수의 인물이 등장할 때, 그들은 통일체로 다루어진다. 그래서 그들은 동일한 것을 생각하고 원하며 행동한다. 예컨대, 홍수 이야기나 탑 건설 이야기에서 인류는 한 사람처럼 다루어지고, 셈과 야벳 형제도 한 사람처럼(9:23), 헤브론과 소돔에서의 세 사람도 한 사람처럼 다루어지고(18-19장, 이는 본래의 형태를 따른 것이기도 하다), 소돔에서의 롯의 사위들(19:14), 파라오의 신하들(12:15), 세겜의 거주민들과 디나의 형제들(34장), 딤나의 거주민들(38:21)이 한 사람처럼 다루어지고, 이와 같은 유사한 사례들은 많다. 이는 오늘날보다 개체가 보편으로부터 훨씬 구별되지 않던 고대의 상황에 잘 들어맞는 것이기도 하다. 동시에 서로 다른 사람들을 합치는 일은, 개인 간 존재하는 차이점을 이해하고

설명할 수 없었던 화자의 무능으로부터 발생한다. 개인들의 개
성을 만드는 일에 당시 화자의 미적 능력이 얼마나 부족했는지,
요셉 사화의 명백한 실례를 통해서 분명하게 알 수 있다. 그 이
야기는 요셉 한 사람과 나머지 열한 명을 대조한다. 또한 요셉
의 친형제이자 막내인 베냐민을 저 나머지로부터 구별한다. 나
머지 열명 중 르우벤(유다)은 특별한 지위를 차지한다. 이것으로
화자의 인물 구상 능력은 소진된다. 나머지 아홉 명에 대해서
그는 더 이상 개성을 부여할 수 없다. 그들은 그냥 '형제들'이다.

더 나아가, 우리가 살펴보았듯, 이야기를 더 작은 장면들로
나누는 그와 같은 배열을 통해서 단순성은 완성된다. 이러한 장
면들에서 이야기의 모든 인물이 한꺼번에 등장하는 경우는 거
의 드물고, 언제나 몇 안 되는 인물들만, 주로 한 번에 두 명 정
도 나타난다.[8] 리브가의 중매에 대한 사화(24장) 속 장면들을 비
교해보라. 첫 번째 장면은 아브라함과 하인을, 두 번째는 여행
하고 우물가에 있는 하인만을, 세 번째는 하인과 소녀를, 네 번
째는 소녀와 그녀의 가족들을 보여주고, 다섯 번째(중심장면)는
하인과 가족과 함께 있는 소녀가 모여있고, 여섯 번째는 귀경

---

8.   Olrik은 "epischen Gesetzen der Volksdichtung" (Zeitschr. für deutsches
     Altertum LI 5)이라는 논문에서, 한 번에 등장하는 가장 많은 수의 사
     람이 둘 이라고 주장한다: "언제나 무대에는 한 번에 두 사람만 나타
     난다." 이는 일반적으로 창세기에도 적용되는 법칙이다.

길의 하인과 소녀를, 마지막 장면은 저들과 이삭을 보여준다.
이스마엘의 추방 사화(21:4ff.)를 또한 나란히 놓고 보자. 이스마
엘이 자신을 비웃던 것을 듣고 그것을 아브라함에게 알린 사라,
하갈을 내쫓은 아브라함, 그리고 자신의 아들과 함께 사막에 홀
로 있다가 천사를 통해 구출받은 하갈, 이삭이 야곱에게 속은
사화(27장)는 처음에는 이삭과 에서를, 그리고 리브가와 야곱을,
그리고 야곱과 이삭을, 그리고 에서와 이삭을, 그리고 야곱에
대한 에서의 분노를, 마지막으로 야곱에게 충고하는 리브가를
다룬다. 이 장면들을 나란히 펼쳐놓는 이유를 제시하는 것이 화
자의 특별한 임무 중 하나이다. 거기에 별다른 악의는 없다. 때
때로 어떤 인물을 떠나 보내기도 하는데, 추방 이후의 뱀(3:5 이
후)이나 야곱이 에서로부터 도망한 이후의 리브가(27장 이후)는 더
이상 등장하지 않는다. 이러한 구조를 통해 이야기 속 탁월한
명료함을 얻게 된다. 청자들은 수많은 사람을 혼란스럽게 볼 필
요가 전혀 없다. 저들은 청자에게 차례차례 나타나기 때문이다.
그렇기에 청자는 여유롭게 관찰하고 머리에 새길 시간을 갖게
된다. 마치 오늘날 드라마의 결말부처럼 한 번에 모든 사람이
한꺼번에 등장하는 지점은 줄거리의 절정이 된다. 낙원 사화
(3:14ff.), 노아의 술취함(9:24ff.), 요셉 사화의 결말(46:29ff.) 등이 그
러하다. 또한 화자들에게는 분할이 반드시 필요했다. 즉, 아마도
화자들은 많은 사람들이 주고받는 대화를 묘사할 능력이 없었

을 것이다. 따라서 낙원 사화 끝 부분에서 하나님은 죄와 관련
된 모든 이들을 하나의 공동 수신자로 대하며 그들의 잘못을 묻
지 않고, 먼저는 뱀에게 다음은 여자에게 그리고 마지막으로 인
간에게 차례대로 말을 거신다. 그 외의 문체에서는, 대화는 두
사람간의 대화로 진행된다.

10. 더 나아가, 점점 더 중심인물과 주변인물이 구별됨에 따
라, 다양한 인물들에 대한 관점이 발생하게 된다. 처음에 청자
는 어느 등장 인물에 주요한 관심을 두어야 할지 길게 고심할
필요가 없었다. 왜냐하면 그것은 화자에 의해 너무도 쉽게 전달
되었다. 즉, 가장 많이 언급되는 인물이 바로 중심인물이다. 대
부분의 족장 이야기에서는 조상들이 중심인물이다. 그리고 그
에 뒤이어, 각기 고유한 이야기들에서 인물들은 이야기 속에서
화자에게 중요하다고 생각되는 인물들의 순서에 따라 배치된
다. 가인 그리고 아벨, 아브라함 그리고 사라, 그 다음에 파라오
(12:10ff.). 아브라함 그리고 롯(13:7ff.), 하갈 그 다음에 사라 그리고
아브라함(16장), 하인 그리고 리브가(24장)가 중심인물이다. 27장
의 중심인물은 야곱과 에서이고 부모는 주변인물이다. 야곱-라
반 사화에서 중심인물은 야곱과 라반이며, 아내들은 주변인물
이다. 여기서 관심사를 동정심이나 경외심과 혼동해서는 안 된
다. 화자의 예술적 관심사에 따라 가인이 아벨보다 중요하고,

사라가 하갈보다 중요하다. 24장에서 중심인물은 하인이고 아 브라함은 관련 설화에서 주변 역할만 감당한다.

많은 경우, 한 명의 고유한 중심인물이 있고 그의 운명은 박 해를 받는다. 요셉 사화에서 이것이 두드러지게 나타난다.[9]

11. 등장 인물들은 어떻게 묘사되는가? 가장 먼저 주목을 끄 는 것은, 주변인물들은 짧게 다루어진다는 점이다. 우리는, 비록 약간의 활동일지라도, 모든 등장 인물이 독립적인 개성으로 묘 사되는 현대의 창작물에 익숙하다. 그러나 고대의 화자는 완전 히 다른 방식을 취한다. 그는 자신에게 상관이 없거나 혹은 거 의 주변부의 역할만 하는 인물들을 무시하거나 때로는 전혀 다 루지 않는다. 노예들에게 길게 집중하지 않는 것은 고대인의 감 성에는 당연한 일이다. 에서(32:7)나 라반(31:23ff.)의 수행원들이 여기에 속한다. 그들은 에서와 라반의 권력을 보여주기 위해 등 장할 뿐이다. 또한 화자들은 파라오의 두 관원들의 죄(40:1)가 무 엇인지 명시한다거나, 혹은 디나의 심정(34장)을 묘사한다거나 이집트로 가는 길의 사라의 마음(12:10ff.)을 표현할 필요성을 느 끼지 못했다. 유다의 친구인 히라(38장)에게는 아무런 특성이 부 여되지 않는다. 엘의 죄(38:7)는 설명되지 않는다. 유다의 아내(38

---

9. "언제나 한 사람이 공식적인 주인공이다." Olrik, Epische Gesetze der Volksdichtung, Zeitschr. für deutsches Altertum LI 10.

장)에 대해서 도무지 무슨 특성을 지니고 있는지 아무것도 보고 되지 않는다. 그와 마찬가지로 요셉의 집주인에 대해서도 그러 하다(43:16ff.). 기타 등등의 예가 있다. 우리가 가진 개념과 비교 할 때, 중심인물들에 대한 묘사도 놀라울 정도로 미약하다. 그 들에게 부여되는 속성은 너무 적어서 때로는 그들을 묘사할 만 한 속성이 하나밖에 없을 때도 있다. 가인은 자신의 형제를 질 투한다. 가나안은 부끄러움을 모르고 셈과 야벳은 효성이 지극 하다(9:20ff.). 롯과 아브라함의 결별 사화(13:2ff.)에서 롯은 탐욕스 럽고 아브라함은 귀가 얇다. 헤브론 사화(18장)에서 아브라함은 환대적이며, 이향(12장)에서는 하나님의 명령에 순종적이다. 브 니엘 사화(32:25ff.)에서 야곱은 강하고 씩씩하며, 야곱-에서 사화 에서는 교활하며, 요셉 사화 속에서는 라헬의 아들들을 사랑한 다. 타락 사화의 복잡한 묘사 속에서도 뱀은 교활하고 악하며, 남자와 여자는 어린아이처럼 미숙하고, 여자는 군것질을 좋아 하고 쉽게 비방하며, 남자는 아내가 시키는대로 따른다. 또한 모든 개별 사화는 하나님에 관해서 거의 하나의 속성만을 알고 있다. 예컨대, 대다수의 설화 속에서 하나님은 은혜로운 조력자 이지만, 에덴 사화나 탑 건설 사화에서는 전혀 다르게, 높은 곳 에 계신 지배자로 인간을 통제하는데 능숙한 분으로 등장한다. 우리는 이와 같은 설화의 인색함에 놀란다. 우리는 많은 개성으 로 인물을 구상하려는 현대의 기교가 잔뜩 들어간 문학 작품들에 익숙하다. 고대 화자의 예술 기법은 이와는 전적으로 다르다. 당연히 고대의 삶은 현대의 복잡한 삶에 비해서 훨씬 단순했기 때문에 그와 같은 예술 기법은 고대의 실제 단순했던 정황에 기초한다. 그렇다고 해서 당시의 사람들이 설화에 묘사되는 것과 똑같이 단순했다고 믿는 것은 오류일 것이다. 이에 대한 증거로서, 보다 발전된 작품인 사무엘하에 주어지는 인물 성격 묘사들을 비교해보라. 그러면 설화의 예술적 묘사가 담지하는 현실의 축약보다 더 많은 것이 있음을 알 수 있다. 동시에 그것은 창세기가 표현하는 인간에 대한 민속적인 독특한 관찰법이다. 이러한 관찰법은 한 사람의 모든 면모는커녕, 입체적인 모습조차도 파악하고 묘사할 수 없다. 볼 수 있는 것이라고는 몇 가지뿐이다. 그러나 그것은 인물의 본질적인 특성을 파악하려고 했기에, 보편적인 인물 전형을 묘사해냈다. 하갈은 도주 이야기 속에서(16장), 잘못 없는 여종이고, 사라는 질투심 많은 아내이고, 아브라함은 타당하게 생각할 줄 알고 다툼을 싫어하는 남편이다. 라헬과 레아(29:31ff.)는 '사랑받는 이'와 '미움받는 이'의 전형이다. 아브라함의 이집트로의 이주 이야기(12:10ff.) 혹은 요셉 사화 속에서 파라오는 화자의 상상력이 만들어낸 동방의 왕으로 다루어진다. 그의 궁정 신하들도 마찬가지다. 아브라함의 하인(24장)은 나이 많고 충실하다. 야곱의 기만 사화(27장)에서 이삭은 눈 먼 백발 노인이며, 리브가는 편파적이면서도 꾀 많은 어머니다. 이향(12장)과 이삭의 희생제사(22장) 이야기 속에서의 아브라함은 순종적인 신앙인이다. 많은 인물이 민족들의 혹은 특정 국민 계급의 전형이다(분노하는 가인, 수치를 모르는 가나안, 관대하지만 생각이 짧은 에서, 꾀 많은 라반, 그러나 더 교활한 야곱 등; 본서 §2,4 참고). 만약 설화들이 우리에게 개별 인물들이 아니라 단지 유형만을 제시하는 것이라면, 그것도 의심할 여지없이 파악 능력의 빈곤함을 드러내는 것으로 볼 수 있다. 그럼에도 화자들은 놀랍게도 저 빈곤을 풍요롭게 변화시켰다! 저들은 자신들에게 주어진 제한된 범위 내에서 특별한 일을 성취했다. 그들은 마치 이집트 예술가들이 민족 전형들을 이해하고 그림으로 그려냈듯이, 명확성과 확실성을 가지고 전형들을 파악했다. 그리고 바로 그렇기 때문에 많은 고대 설화가 여전히 오늘날의, 심지어 고등 교육을 받지않은 독자들까지도 사로잡는 것이다. 많은 경우 설화들은 보편적이면서도 오늘날에도 굳이 깊이 생각할 필요 없는 상황들을 재현한다. 물론 저것들이 전문가에게 제공하는 즐거움은 더 클 것이다. 왜냐하면 그것들은 전문가에게 가장 매력적인 형태로 고대의 정황과 정취에 관하여 가장 친밀하게 정보를 제공하기 때문이다.

묘사된 인물 성격의 단순성으로부터 알 수 있는 것은, 착하게 된다거나 혹은 나쁘게 된다거나 하는 인물 성격의 변화를 보여주는 예술 기법은 민간 설화와는 거리가 멀다는 점이다. 현대의 해설자들이 창세기에서 발견할 수 있다고 믿는 모든 것은 이미 이야기가 끝난 것들이다. 즉, 야곱의 순수하지 못한 본성은 결코 바뀔 수 없다. 그리고 요셉의 형제들도 이야기의 진행 중에 착한 사람들이 될 수 없다. 그들은 벌을 받게 된다. 그러므로 설화는 두 주요 행위자를 대조시킴으로써 명확성을 획득한다(교활한 목자인 야곱과 어리석은 사냥꾼 에서, 수치를 모르는 가나안과 순결한 셈과 야벳, 아량이 넓은 요셉과 질투하는 그의 형제들, 하나님께 사랑받는 목자 아벨과 불만 가득한 농부 가인, 못생긴 레아와 예쁜 라헬, 친절한 롯과 손님을 불명예스럽게 함부로 대하는 소돔인들 등).[10] 개별 설화는 사실상 행위하는 인물들의 한 가지 속성만 안다면, 그에 비해 설화 묶음은 고유한 방식으로 더 상세한 묘사를 줄 수 있다. 가장 주요한 실례가 바로 요셉 설화 묶음에서 요셉이라는 인물의 특징이다. 모든 개별 설화는 요셉이라는 인물의 하나 혹은 두 개의 면모를 명확하게 한다. 첫 번째 설화에 의하면(37장), 요셉은 아버지에게 사랑을 받지만 그로 인해 형제들에게 미움을 받고, 한편 그는 중요한 꿈들을 꾼다. 두 번째 설화에 의하면(39장) 모든 것이 그의 손에서 번성하며, 그는 아름답고 순결하다. 세 번째 설화에 의하면(40장), 그는 꿈을 해석할 줄 안다. 네 번째 설화에 의하면(41장) 그는 교활하기도 하다. 따라서 모든 개별 특징의 요약을 통해서 한

---

10. 이것이 바로 서사적 민중시에서의 '모순의 법칙'이다. Olrik, Zeitschr. für deutsches Altertum LI 6을 참고하라.

사람의 총체적인 인물상이 형성될 수 있다.

또한 화자들은 인물들의 외모 묘사에도 상당히 인색하다. 그들은 머리카락, 피부색, 눈색, 옷차림에 대해서 우리에게 아무것도 이야기해주지 않는다. 그들은 이 모든 것과 관련하여 평범한 히브리인의 전형을 당연한 것으로 전제한다. 이러한 묘사의 법칙을 이탈할 때면, 아주 구체적인 이유들이 존재한다. 에서는 붉고 털이 많은데(25:25), 이는 그와 더불어 사는 민족의 전형으로 보인다. 요셉은 자산의 아버지로부터 사랑을 받는다는 표식으로 긴 소매 옷을 입는다. 레아는 생기 없는 눈을 갖고 있는데, 야곱은 바로 그런 이유로 그녀를 거부한다(29:17).

화자가 인물들의 특정한 속성들을 드러나게 할 때, 근본 원칙이 무엇이냐 묻는다면, 인물 특성이라는 것이 대부분 행위에 종속되어 있음이 분명해질 것이다. 인물의 그와 같은 속성을 묘사함에 있어서 행위의 진행은 필수적이다. 그리고 다른 모든 가능한 방법은 무시된다. 야곱의 속임(27장)에 관한 사화는, 어떻게 야곱이 자신의 어머니의 조언을 따라 아버지 이삭에게 행동하는지, 그리하여 어떻게 에서가 아니라 자신에게 축복을 하게 하는지를 들려준다. 여기서 야곱이 교활하고 속이는 자임이 드러난다. 에서는 어리석고 이용당하는 자다. 이삭은 속이기 쉬운 눈먼 자다. 리브가는 꾀가 넘치는 지혜를 제공하며 동시에 야곱을 편애하여 속임수에 동참하는 자이다. 여기서 이것은 상세히 서술하는 이야기 속에서 다른 특징들과 연결된다. 곧, 야곱은 목자로서 자신의 어머니와 함께 집에 있기를 즐기며, 에서는 사냥꾼으로, 그의 아버지는 그가 잡은 야생동물을 즐겨먹는다. 오늘날의 화자는 더 많은 인물 특성을 덧붙임으로써 다채롭고 생생한 상을 만들려고 할 것이다. 그러나 고대인은 그런 것을 거부한다. 여기서 이 화자의 미적 관심사가 무엇인지 꽤나 명쾌하게 알 수 있다. 무엇보다 가장 중요한 것은 행동이다. 인물상을 특징지으려는 의도는 그들에게는 부차적인 것에 불과하다.

12. 화자들은 자신들의 영웅들의 인물 성격을 어떤 방식으로 묘사하는가? 현대의 예술가들은 자신의 인물들의 복잡한 생각과 정서들을 드러내려고 길게 묘사하는 경향이 있다. 그러나 그러한 이야기에서 빠져나와 창세기를 관찰한다면, 주인공의 정신 생활에 대한 진술이 거의 없다는 것을 발견하고 놀랄지도 모르겠다. 행위하는 인물의 사유가 상술되는 경우는 드물다. 그래서 낙원의 나무를 먹음직스럽게 바라 볼 때의 여자의 생각이나(3:6), "지면에서 물이 줄어들었는지를 알고자"(8:8) 새를 날려 보낼 때의 노아의 생각, 자신의 장인이 농담한다고 믿었던 롯의 사위들의 생각(19:14), 그랄에서 사람들이 자신의 아내로 인해서 자기를 죽일 것이라 두려워했던 이삭의 생각(26:7), 야곱이 자신의 형제 에서의 복수를 막으려 머리를 굴렸던 생각들(32:9, 21) 등

이 전부다. 그러나 이런 것들조차도, 우리 시대의 현대인의 심
리 묘사와 비교해 볼 때, 너무도 짧고 불충분해 보인다. 게다가
그러한 구절들이 창세기의 설화 속에서는 통상적인 것도 아니
다. 오히려 화자는 주로 짧은 설명만 덧붙이는 데 만족한다. 예
를 들면, "그가 화났다"(4:5, 30:2, 31:36, 34:7, 39:19, 40:2), "그가 두려
워했다"(26:7, 28:17, 32:8), "그가 위로를 받았다"(24:67), "그가 그녀
를 사랑했다"(24:67, 29:18, 34:3, 37:3), "그녀가 질투했다"(30:1), "그
는 놀랐다"(27:33), "그들은 그를 미워했다"(37:4) 등. 그러나 관계
된 사람의 생각과 기분에 대한 최소한의 표현조차도 발견하기
어렵고, 종종 그러한 표현이 있는 단락이 있음에 놀라움을 금치
못할 정도다. 화자는 낙원의 나무를 인간에게 금하신(2:17) 하나
님의 동기가 무엇인지, 도대체 뱀은 왜 인간을 유혹하기를 원했
는지에 대해서 침묵한다. 그는 아브라함이 어떤 기분으로 고향
을 떠났는지(12장), 노아가 방주에 들어갈 때 어떤 마음이었는지
(7:7)에 대해서 아무런 말도 하지 않는다. 우리는 노아가 가나안
의 수치를 모르는 것에 대해서(9:24) 화를 냈다거나, 라반이 레아
를 데려왔을 때(29:25) 야곱이 실망했다거나, 이스마엘이 한 민족
을 이룰 것이라는 약속을 들었을 때(21:18) 기뻐했다는 표현을 듣
지 못한다. 심지어 어머니들이 자신들의 첫 아이를 품에 안았을
때(4:1, 21:6, 25:24ff.)도 그녀들이 기뻐했다는 것도 듣지 못한다. 가
장 눈에 띄는 실례가 바로 이삭의 희생 사화이다(22장). 여기서

현대의 어떤 화자가 아브라함의 정신 상태를 표현하는 것, 곧 부성애를 넘어선 신앙이 힘겨운 승리를 얻고, 슬픔이 마침내 기쁨으로 바뀌는 묘사를 포기하겠는가? 이러한 독특한 현상의 근거는 무엇일까? 창세기 19:27-28의 한 실례에서 근거를 발견할 수 있다. 아브라함은 소돔의 광경에 대하여 세 남성으로부터 기이한 말을 듣는다. 곧, 그들은 말하기를, 소돔으로 내려가 그 도시의 죄를 조사하고자 한다(18:20-21). 아브라함은 이 말을 곰곰이 생각했다. 그리고 다음날 아침 그는 일어나 그 장소로 향했다. 밤새 소돔에 어떤 일이 일어났는지 눈으로 보기를 원했기 때문이다. 그리고 그는 실제로 그곳에서 아래로부터 연기가 피어오르는 것을 보았다. 그 연기는 또한 사방에서 발생했고 동시에 그 주변을 뒤덮었기에 거기서 무슨 일이 일어났는지 아브라함은 알지 못했다. 이 짧은 장면이 화자에게 가치가 있었던 이유는 실제로 일어난 사실이어서가 아니라, 아브라함이 당시 해야만 했던 생각 때문이었던 것이 분명하다. 그러나 그럼에도 화자는 그 사유가 무엇인지에 대해서는 묘사하지 않는다. 그는 단지 우리에게 외적으로 드러난 사실만 제공한다. 중요한 내용은 우리가 스스로 추가해야만 한다. 이 화자는 영웅의 정신 생활에 대한 관점을 갖고 있지만, 명료한 단어들을 사용하여 이와 같은 내적인 과정을 분명하게 만들 수 있는 능력은 없었다.

창세기에서 이러한 유사한 상황은 자주 관찰될 수 있다. 현

대의 화자들이 심리적 담론을 줄 것이라고 기대할 만한 많은 경
우에, 고대인들은 행동 하나만을 가져다 놓는다.[11] 낙원에서의
인간의 정신 상태와 타락 이후의 정신 상태는 해명되지 않으며,
단지 그 가운데 묘사되는 몇 가지 유의미한 실례들만 이야기된
다(2:25, 3:7). 화자는, 여자가 금지된 열매로 데려갈 때의 아담의
생각에 대해서 아무런 묘사도 하지 않고 단지 그가 먹었다고만
한다. 또한 화자는 아브라함이 얼마나 환대하는 심성을 가졌는
지에 대해서는 전혀 설명하지 않고 단지 세 사람을 영접했다고
만 이야기한다(18:2-3.). 셈과 야벳이 순결하고 공손한 생각을 가
지고 있었다고 말하기 보다, 순결하고 공손하게 행동했다고만
한다(9:23). 요셉이 베냐민을 다시 보았을 때 감격에 겨웠다고 표
현하기보다 울기 위해 뒤돌았다고만 말한다(42:24, 43:30). 사라의
학대를 받은 하갈은 어머니로서의 자존심에 깊은 상처를 받았
다고 말하지 않고, 여주인을 피했다고만 한다(16:6). 라반이 낯선
이의 금에 현혹되었다고 하지 않고, 서둘러 그를 맞이했다고 말
한다(24:30-31). 아브라함 내면에서의 부성애를 넘어선 하나님에
대한 순종의 승리를 말하지 않고, 단지 그는 즉시 출발했다고만

---

11. Olrik (Zeitschr. für deutsches Altertum LI 8)은 이것을 서사적 민중시에
    일반적으로 적용되는 법칙으로 주장한다: "모든 사람과 사물의 속성
    은 반드시 행동으로 표현되어야 한다. 그렇지 않은 것은 아무것도 없
    다." 또한 A. 1을 참고하라.

말한다(22:3). 다말이 남편에게 죽기까지 충절을 지켰다고 하지 않고 그녀는 그의 씨로 말미암은 자녀를 보호하는 법을 알았다고 말한다(38장). 이를 통해 화자가 중점적으로 강조하려는 부분이 무엇인지 볼 수 있다. 그는 예술의 가장 흥미롭고 가치있는 대상이 바로 인간의 정신 생활이라는 현대인의 심성을 갖고 있지 않다. 오히려 화자의 어린아이 같은 취향은 외적으로 드러나는 감각적인 사실에 머무르기를 가장 좋아한다. 그리고 그는 여기서 매우 탁월한 성취를 이룬다. 그는 자신의 주인공의 영적 상태를 행위로 드러낼 수 있는 방법을 잘 이해하고 있는 사람이다. 셈과 야벳에 관한 설화 속에서 어떻게 하면 그보다 더 경외심을 불러일으키는 수치를 아는 모습을 잘 표현할 수 있을까? 자신의 아들에게 물을 가져다 주는 그 하갈의 행위(21:19; 여기서 그녀가 마신다는 말은 없다)보다 어떻게 하면 더 어머니의 사랑을 표현해낼 수 있겠는가? 어떻게 하면 헤브론에서의 아브라함의 행위보다 더 환대의 태도를 잘 묘사할 수 있겠는가(18:2ff.)? 그리고 최초의 사람들의 무죄성과 '지식'을 벗음과 입음으로 묘사하는 것(2:25, 3:7)은 가장 단순하게 표현해낼 수 있는, 가히 천재적인 방식이라 할 수 있다. 단순한 예술가들은 비록 어떻게 사색할지는 몰랐지만 관찰하는 일에는 대가였다. 이와 같이 행위를 통한 인물들을 간접적으로 묘사하는 것은 설화를 생생하게 만들어주는 탁월한 예술이다.[12] 비록 고대인들이 정신 생활에 대하여 이 야기하는 데 익숙지 않았을지라도, 우리는 그들에게서 저들이 마치 자신들의 영웅들의 마음으로의 가장 친밀한 접근을 허락 했다는 인상을 받는다. 이러한 모습들이 우리 눈 앞에 생생하기 에, 현대의 독자들은 설화의 이와 같은 선명도에 매료됨으로써 그들에게 부족한 것이 무엇인지 떠올리지 않게 될 것이다.

그러나 화자가 자신의 주인공들의 내면의 정신 생활에 대해 서 아무 말을 하지 않는다고 해서, 그것이 청중에게서 완전히 상실된 것도 아니었다. 이 지점에서 우리는 구전으로 전해진 역 사들이 있다는 점을 잊지 말아야 할 것이다. 화자와 청중 사이 에는 글자를 넘어선 다른 연결 방식이 존재한다. 목소리의 억 양, 표정, 화자의 움직임 등이 더해지는 것이다. 화자가 느꼈던 기쁨과 고통, 사랑, 분노, 질투, 증오, 감동 등 기타 모든 영웅의 정서들이 말 없이도 청중에게 전달되는 것이다.

그러나 우리 주해의 과제는 화자가 세세하게 다 설명하지 않은 삶의 마음들을 구절구절 사이에서 읽어내는 데에 있다. 이 것은 결코 간단한 것이 아니다. 고대의 정서 상태와 그 표현들 은 많은 면에서 우리와 거리가 멀다. 예를 들면, 어째서 리브가 는 이삭을 힐끔보고 얼굴을 가렸는가(24:65)? 왜 롯의 딸들은 자

---

12. "설화는 항상 하나 이상의 주요한 입체적 상황들 속에서 절정에 이 른다", Olrik, Epische Gesetze der Volksdichtung, LI 9.

신의 아버지와 동침했을까(19:32)? 어째서 다말은 유다의 자식을 낳으려고 했을까(38장)? 최초의 인류가 깨닫게 된 수치와 그들의 죄는 어떻게 연결되는가(3:7)? 이러한 경우들에, 이전의 주해는 빈번히 현대의 동기와 정서들을 당연하다는 듯이 끼워넣어서 엉망이 되곤 했다. 게다가 그런 식의 현대화를 원치 않고, 의식을 가지고 고대 히브리인의 정신 생활을 찾아내기 위해 애쓰는 연구자라 할지라도 쉽사리 실수를 저지를 수 있다. 이러한 경우에 확고한 결정을 내리는 것이 거의 불가능하다는 것은 결코 드문 일이 아니다.

13. 인물들의 마음들을 위한 또 다른 표현 수단은 대화이다. 말은 행동만큼 생생하지 않으나, 인물의 내면을 드러내는 데에는 더 나을 수 있다. 고대 화자는 대화하는 사람의 정서에 적합한 단어를 잘 찾아냈다. 미혹하는 뱀의 악함과 어린애 같은 여자의 미숙함(3:11ff.), 사라의 여종에 대한 질투(16:5), 아브라함의 우유부단함(16:6), 아비멜렉의 정당한 분노(20:9), 교활한 야곱의 신중함(32:9), 야곱에게 배신당한 에서(27:36)와 라반(31:43)의 쓰라린 불만 토로의 말들이 그와 같은 것들이다. 말로 표현되는 인물 성격 묘사의 최고의 걸작은 최초의 사람들을 유혹하는 사화(3장)와 아브라함과 이삭이 산으로 가는 도중에 나눈 대화(22:7-8)이다. 독일 발라드와 대조적으로, 대화는 히브리 이야기에 언제

나 도입된다. 문체 규칙에 따라 같은 사람이 연달아 두 번 대화
하는 것은 기피되며 다른 사람의 말이나 행동을 통해서 따로 떨
어지게 된다.

창세기의 인물들은, 현대의 화자라면 분명하게 말을 허락했
을, 당연히 말이 필요한 것처럼 보이는 곳에서조차도 대화를 나
누지 않는다는 점은 우리의 감각에는 유별나게 느껴지기도 한
다. 요셉이 우물에 던져졌을 때(37:24) 그리고 이집트로 끌려가게
되었을 때(37:28. 42:21과 비교) 크나큰 불만에 빠졌을 것이며, 가인
의 살해에는 말다툼이 선행했을 것이며(4:8), 추방당한 하갈이
울고 서러워하며 아브라함의 집을 떠났을 것이며(21:14), 자신의
아버지가 그를 나무 장작에 묶었을 때, 떨리는 목소리로 자비를
구했을 것이라고(22:9) 충분히 상상해볼 수 있다. 그러나 이런 것
들은 전혀 없다! 하나님이 그들의 삶을 저주하셨을 때조차도 사
람들은 아무런 말을 하지 않으며, 단 한 번의 항고조차 하지 않
는다(3:16ff.). 리브가도 그랄에서 아무 말도 하지 않고(26장), 노아
는 홍수 설화에서 아무 말도 하지 않고 아브라함은 아들을 약속
받았을 때도 아무 말도 하지 않고(18:10), 이삭을 바치라는 명령
을 들었을 때도 아무 말도 하지 않았다(22장). 마찬가지로 하나님
이 이스마엘의 울음을 들었을 때, 하갈은 자신의 아이가 거의
죽게 된 것을 보고서도 아무 말도 하지 않았다(21장). 이러한 관
찰들을 따라가는 사람들은, 창세기의 인물들은 과묵하고 심지

어 무정하게 묘사될 수밖에 없었다는 것을 쉽사리 알 수 있을 것이다. 그들이 수다스러워질 때는 오직 하나님이 나타나셨을 때 뿐이다. 이와 같이 유별난 과묵함을 어떻게 설명할 수 있을까? 무엇보다 저 문화 속에서는, 마음을 쏟아놓고 비밀을 드러내고 싶은 욕구로 가득 찬 수다스러운 오늘날보다 훨씬 더 적게 그리고 짧게 말을 했을 것이라는 확신이 있다. 우리의 농부들과 마찬가지로,[13] 저 고대인들은 그렇게 빠르게 어떤 말들을 내뱉지 않는다. 하지만 동시에 창세기의 과묵함은 화자의 문체로 인함이다. 화자는 모든 것을 행위에 종속시켰다. 화자는, 행위 그 자체가 더 이상 요구하지 않는 한, 대화를 진행하지 않는다. 특별히 화자는 대화 속에서 고통받는 사람의 기분을 묘사하는 것에 관심을 두지 않았다. 자신의 형제들이 자신을 팔아 넘길 때, 요셉이 불평하건 침묵하건, 그의 운명은 전혀 바뀌지 않는다. 하나님이 명령하실 때, 아브라함이나 노아가 하는 말은 아무런 중요성을 갖지 못한다. 그들이 순종했다는 것으로 충분하다. 최초의 사람들의 운명은 하나님이 그들을 저주하실 때 결정되었다. 따라서 그들의 항고는 아무런 도움이 되지 않는다. 가인의 살인에 앞섰던 말다툼이 무엇인지, 그가 왜 살인자가 되었는지 이유를 알기 위해서 굳이 제공되어야만 할까? 게다가 하나님이

---

13. A. I'Houet, Psychologie des Bauerntums 111, 178을 참고하라.

약속을 주실 때, 인간이 아무런 대답을 하지 않는 것도 너무도 당연한 것처럼 보인다. 왜냐하면 하나님이 말씀하실 때 사람이 무슨 말을 할 수 있겠는가? 이러한 독특한 과묵함의 이면에는, 화자가 좋다고 판단하는 연설이 이야기의 맥락 속에서 필수적인 지위를 갖는다는 것을 의미한다. 뱀과 여자의 대화(3:1ff.)는 금지된 열매를 먹으면 어떻게 될지를 잘 보여준다. 하나님 앞에서 가인이 자신의 죄의 짐을 진 마음을 쏟아놓는다. 그러자 하나님은 그 판결을 완화하기로 결정하신다(4:13ff.). 아브라함은 자신의 아내에게 자신의 누이로 사칭하기를 요청한다. 그래서 그녀는 파라오의 궁으로 끌려가버리는 일이 발생한다(12:11ff.). 아브라함은 롯이 서쪽이든 동쪽이든 자유롭게 가도록 허용했다. 그래서 롯은 요단편을 선택했다(13:8ff.). 사라의 부탁으로 아브라함은 하갈을 첩으로 맞이하고 두 번째 요청으로 그는 그녀를 내보낸다(16장). 이것들은 무익한 대화가 아니라, 오히려 이어지는 행위의 내적 근거를 정당화하기 위해 필수적인 것들이다. 특별히 저주와 약속의 말은 필수적이다(3:14ff., 4:11-12, 8:21-22, 9:25ff., 12:2-3, 27장, 28:13-14 등). 이것들은 이야기의 정점으로, 여기에 도달하기 이전까지 목표로 하던 것이다. 그런 의미에서 하나님이 그토록 자주 창세기에서 대화를 도입하신다는 점도 납득할 만하다(1장, 2:16-17, 3:9ff., 4:6ff., 7:1ff., 11:6-7, 12:1ff., 12:7, 13:14ff., 15장, 16:8ff. 등). 왜냐하면 대화는 하나님이 조상 설화에서 행동에 영향을 미치는 주요 수단이기 때문이다.

몇몇 단락에서 화자들은, 상황에 따라 누군가는 말을 해야 하지만 아무도 없을 때 가장 단순한 대화 형식인 독백을 도입했다(2:18, 6:7, 8:21-22, 18:12, 17ff., 26:7 등). 이는 대체적으로 하나님에게 해당된다. 즉, 하나님이 굳이 누구에게 자신의 은밀한 결정을 누설해야 할까? 그러나 경우에 따라 우리는 더 오랜 이야기의 형태를 확인하는데, 그것들에 따르면 하나님은 자신의 천상의 존재들과 더불어 회의를 주관하신다(1:26, 3:22, 11:7).

짧은 설화 속에는 당연히, 인물을 묘사하거나 화자의 판단을 제공하기 위한, 혹은 그렇지 않다면, 어떤 식으로든 맥락상 필요치 않지만 화자의 목적에 기여하려는 대화도 있다.

창세기에는 대화들이 유별날 정도로 짧은 것이 많다. 하갈의 애곡을 생각해보자. "나는 내 여주인 사래를 피하여 도망하나이다"(16:8). 또한 롯의 딸의 말(19:31), 사라의 말(21:10), 아브라함의 말(21:24, "내가 맹세하리라"), 리브가의 말(24:18ff.), 야곱의 말(25:33, "오늘 내게 맹세하라"), 이삭의 말(26:7, "그는 내 누이라"), 그랄의 목자들의 말(26:20, "이 물은 우리의 것이라"), 이삭의 하인의 말(26:32, "우리가 물을 얻었나이다"), 라반의 말(29:14, "너는 참으로 내 혈육이로다") 등이 있다. 이와 대조적으로 엄숙하고 인상적인 축복과 저주의 말 속에서 대화는 길어진다. 그러나 대체적으로 과묵함이 창세기에서 볼 수 있는 전형적인 특징 중 하나이다. 더욱이 그러한 말들은 주로 행위자의 궁극적인 의도를 드러내는 것도 아니고 적지 않은 경우 정신 상태를 간접적으로 나타낼 뿐이다. 그렇기에 종종 그 말들이 우리에게 명쾌하지 않아 보이는 것이다. 그것을 해석하는 데에는 특별한 기술이 필요하다. 하나님이 인간에게 지식의 나무를 금지하셨지만 그 이유는 밝혀지지 않은 채 이야기된다. 하나님은 인간에게 정녕 죽으리라고 위협을 가하시며 무슨 생각을 하셨을까? 또한 우리는 뱀이 여자를 어떻게 유혹하고자 했는지에 대해서는 듣지만 왜 유혹하고자 했는지에 대해서는 듣지 못한다. 즉, 유혹 사화와 같은 심리적인 걸작품조차도 정신 생활에 대한 간접 묘사들에 불과하다.

14. 그와 마찬가지로 많은 설화는 그에 수반되는 부수적 정보에 대한 묘사에도 인색하다. 이 지점에서도 고대 이야기 방식과 오늘날의 방식 사이에 깊은 심연이 존재한다. 물론 고대인들은 이 전경을 친숙하게 느낄 줄 몰랐다. 우리는 창세기에서 자연에 대한 감정과 관련한 그 어떤 흔적도 찾아볼 수 없다. 낙원 사화가 푸르른 나무들 아래서 펼쳐진다거나, 하갈 설화가 사막의 건조한 황량함 가운데서 이루어진다거나 요셉 사화가 나일 강 유역에서 이루어진다거나, 이런 것들은 개별적인 특징으로 이야기의 진행에 영향을 미친다. 곧, 잎으로 옷을 지어 입고, 사막에서 길을 헤메고 또 물을 찾지 못한다. 그러나 행위의 정서

에는 아무런 영향도 미치지 못한다.

게다가 고대인이 차단시켜버린 자연의 모습과는 별개로, 낙원에 대한 묘사는 얼마나 가까이 놓여있는지! 현대의 어느 시인이라도 그리워할 것들이다! 그러나 고대 화자들은 거기에 아름다운 나무가 자라며 또한 거대한 강들의 수원지가 거기에 있다고 말하는 것에 만족했다. 그렇기 때문에 예를 들어 가인이 아벨을 쳐죽였을 때 사용한 도구가 언급되지 않는다(4:8). 노아는 포도나무를 심고 거기서 비롯한 포도주를 마셨다고만 할 뿐이다(9:20-21). 그 사이에 그가 포도주를 짰다는 묘사는 생략되었다. 하갈이 멸시 받는 내용에서도(16:4) 사라를 분노하게 만든 행동이 무엇인지 거의 아무런 설명이 없다. 사람들은 이야기들의 '복잡하게 얽힌 내용'(Verumständung)에 감탄하는 경향이 있으며, 그것은 당연하다. 그러나 설화들이 구체적이고, 눈길을 끌 만한 특색들로 가득 차 있다고 볼 이유는 전혀 없다. 즉, 일반적으로 설화들은 많지 않은, 아주 적은 세부 내용만 제공한다. 그러나 저 탁월하게 선발된 소수의 세부 내용들에 대하여, 우리는 아무리 작은 특색이라 할지라도 각각에 대한 목적을 물어볼 권리가 있다. 눈에 띄는 분명한 상을 제공하려는 목적만을 지닌 특색들은 창세기 전체에서 아마 발견되지 않을 것이다. 실제로 심지어 그림처럼 묘사되는 리브가가 어깨로 항아리를 나르는 모습도 사화 전체에서 특정한 위치를 차지한다(Gunkel, 254).

희미하게 던져지는 특색들 곁에 아주 세부적인 내용들—특히 '상세히 서술하는' 이야기들—이 나타나곤 할 때, '복잡하게 얽힌 내용'의 인색함은 더욱 두드러지게 된다. 예를 들면, 아브라함이 세 남자를 맞으러 갈 때는 최대한 상세히 서술되는데 비해(18:6ff.) 롯의 식사는 아주 짧은 윤곽만 그려진다(19:3). 축약과 연장에 주의하며 모든 곳에서 화자의 관심사에 대하여 질문을 던지는 것은 주해에 매우 유익하다. 일반적으로 화자가 주요 사건의 경과를 구체적으로 묘사하는 지점에서 부수적인 행위들이 암시에 그치거나 혹은 생략되는 규칙이 나타난다. 예를 들어, 이삭의 희생제사 사화에서 삼 일간의 여행은 건너뛰는 반면에, 희생제사 장소로의 짧은 이동은 최대한 상세히 묘사된다(22:4ff.). 화자의 예술적 관점을 살펴보자면 상당히 독단적이다. 또 아브라함의 하인이 하루 동안 리브가를 만나기 위해 보낸 경험은 매우 상세히 보고된다. 그러나 그가 나홀의 도시로 간 모든 날은 단 한 문장으로 끝난다(24장). 이와 같은 행동에 대한 강조는 결론을 맺는 방식에서도 드러난다. 설화는 원하는 요점에 도달하자마자, 서서히 내려오는 것이 아니라 급강하하며 끝이 난다. 이러한 관찰은 주해에 중요하다. 곧, 결론 바로 직전에 있는 것이 바로 화자가 원하는 절정이다. 두 종류의 결론이 있다. 흔한 방식은 절정부에 짧은 한 문장을 덧붙임으로써 격양된 감정을 내리는 것이다. 대표적인 실례가 22장의 이삭의 희생제사이다.

제3장 창세기 설화들의 예술 양식

매우 드물지만, 인상적인 방식은 엄중한 대화로 끝나는 것이다. 9:20 이하에 나타나는 노아의 저주가 이에 속한다.[14]

15. 지금까지 살펴보았듯, 고대 설화에서 모든 것은 행위에 종속된다. 다른 문학 작품들에는 행위가 단지 겉옷이나 실에 불과하며, 중심에는 정신 묘사, 영적인 대화, 이념인 이야기들이 있다. 이것들은 고대 히브리 설화와 완전히 다른 것들이다. 고대에서 화자에 의해 갈망되는 것은 다름아닌 행동이었다. 화자는 역사 속에서 자신들의 눈을 즐겁게 할 수 있는 무언가를 나타내기를 원한다. 그러나 화자가 그러한 행위에 대해서 가장 먼저 갖추어야 할 요건은, 그것이 내적인 통일성을 가져야 한다는 것이다. 즉, 화자는 사건들의 연쇄를 제공해야만 하며, 그 속에서 어느 하나는 다른 하나와 반드시 연결되어야만 한다.[15] 그러한 설화의 주요 매력은 어느 하나가 다른 것에서 어떻게 나오게

---

14. 사건 종결 이후 설화가 격양된 기분을 어떤 방식으로든 달래는, 이와 같은 '완결의 법칙'은 역동적인 행동이 아니라 차분한 움직임으로 시작되는 '도입의 법칙'과 맞물려있다. 위에서 논한 드문 형식은, 스페인 소설에서처럼, 새로운 종류의 시적 효과로 나타난다. Olrik, Epische Gesetze der Volksdichtung, Zeitschr. für deutsches Altertum LI 2ff.를 참고하라.

15. 서사적 대중시의 법칙으로서의 이러한 통일성에 대해서는 Olrik, Zeitschr. für deutsches Altertum LI 10을 참고하라.

되었는지를 보여주는 데 있다. 이러한 연결들이 납득할 만하고 필연적으로 보일수록 그 이야기는 훨씬 더 매력적으로 보인다. 아브라함은 기근으로 인해서 이집트로 가야만 했다(12:10ff.). 그러나 그는 자신의 아름다운 아내로 인해서 거기서 죽임을 당하진 않을까 두려워했다. 그렇기 때문에 그는 자신의 아내가 그의 누이인 척 하게 했다. 이로 인해 파라오는 사라를 데려가고 아브라함에게 선물을 보내는 일이 벌어진다. 바로 그렇기 때문에 하나님이 파라오를 치셨다. 그 결과 파라오는 사라를 놓아주지만, 아브라함에게 준 선물을 되돌려받지는 않았다.

사라는 아이가 없으므로 아이를 원한다(16장). 따라서 그녀는 아브라함에게 자신의 하녀를 첩으로 준다. 하갈은 아브라함의 아이를 임신하게 된다. 그 결과 하갈은 자신의 여주인에게 오만하게 행동한다. 이는 자존심 강한 사라를 매우 불쾌하게 만들었다. 그래서 그녀는 아브라함에게서 하갈을 돌려받고 그녀를 함부로 대한다. 그 결과 하갈은 사라를 피해 사막으로 도망친다. 그러나 여기서 그녀의 하나님이 자비를 베풀고 또한 그녀의 아들에게 약속을 베푸신다.

각각의 사례에서 이어지는 고리들이 이전의 것과 연결되는 것처럼 이전의 것이 자연스럽게 원인이 되는 것 혹은 적어도 뒤따르는 것의 전제가 되는 것처럼 보임에 주목해보라. 우리는 전통적으로 이러한 종류의 이야기를 어린아이에게 적절한 유형으로 판단하는 경향이 있으나, 그 판단은 부분적으로만 옳다.

그러므로 이 이야기들은 매우 간결하게 마무리된다. 화자들은 꼬는 것을 좋아하지 않고, 더욱 발달된 문학 작품들의 이야기나 서사에 풍부한 '에피소드들'(Episoden)을 선호하지 않는다. 오히려 그들은 모든 힘과 확신을 최종 목적에 집중시킨다. "모든 우연은 억제되고, 특징적인 것만이 간결하고 효과적으로 나타난다."[16] 따라서 아마도 같은 이야기 내에서는 새로운 설정은 없고, 끊기지 않는 연결만이 있다고 할 수 있을 것이다. 새로운 전제들이 통보되는 경우는 거의 없다. 오히려 이러한 문체는 모든 전제를 가능한 초반에 제공하고자 한다. 발생한 사건에 내적으로 필연적인 내용들이지만 주요 행위를 조장하지 않는 특징들을 생략하는 것이 허용되는 반면에, 모든 행위의 필연적인 부분은 틀림없이 명시적으로 보고된다. 독일 발라드가 그러하듯(참조, Scherer, Poetik 237), 대화에서 사건들을 추측하는 것이 허락되는 예술 기법은 히브리 이야기의 이러한 수준에서는 실행되지 않는다. 지나칠 것도 없고, 부족할 것도 없다.

또한 고대 설화는 전체 줄거리를 여러 가닥으로 나누거나 그것들을 서로 엉키게 하는 것을 좋아하지 않는다는 특성도 여기에 포함된다. 고대 설화는 "언제나 한 줄의 끈을 붙잡는다. 무

---

16. Olrik, Epische Gesetze der Volksdichtung, LI 9.

조건 한 줄의 끈만."[17] 고대 설화는 거의 언제나 단일한 중심 모티브를 좇으며, 나머지 모든 것들은 가능한 한 옆으로 제쳐둔다.

많은 설화들은 다양한 방식으로 동일 모티브를 수정하기를 선호한다. 낙원 사화가 어떻게 모든 것을 인간의 벗음-입음과 연결짓는지, 전체 설화를 통해 "밭"과 "밭 가는 자"(인간)의 관계를 어떻게 설정하는지, 요셉이 이집트로 납치되는 이야기(37장)에서 "긴 소매 옷"과 꿈을 어떻게 다루는지, 야곱의 마지막 유언에 관한 이야기(47:29ff.)가 어떻게 고유한 방식으로 침대에서 죽어가는 사람의 전형적인 행위를 표현해내는지를 떠올려보라. 야곱은 침대 머리에 기대고(47:31), 앉아서 축복하며(48:2), 그리고 거기서 죽어간다(49:33). 우리의 문학 감각과는 정반대로, 사물을 이용한 표현이 반복되고, 흔히 동일한 단어들도 역사를 통해서 시종일관 반복된다. 때로 그것은 화자가 전적으로 새롭게 취한 단어 사슬이기도 하다. 좋은 실례는 27장에서 야곱에게 이삭이 속는 이야기의 두 가지 판본이다(참조, Gunkel, 306). 이러한 관습은 의심의 여지없이 언어의 빈곤으로부터 유래한다. 그러나 우리 앞에 놓인 사화들의 화자들이 이러한 방식을 취한 이유는 이야기의 통일성에 대한 인상을 줄 수 있기 때문이었다. 설화의 내

---

17. Olrik (LI 8)에 의하면, 고대 설화는 서사적 대중시의 법칙으로서의 '한 줄만 붙드는 것'을 발견했다.

적 짜임새 덕분에, 우리의 전승에 공백이나 추가가 발생한 여러 곳곳에서 아마도 원본을 알아차리게 될 수 있을지도 모른다. 그리고 종종 자료 결정에 대한 우리의 작업은 설화의 핵심어에 의해 이루어져야만 한다.[18] 자료 비평은 이러한 간결성을 결여한 예언, 법률, 노래와는 설화가 완전히 다르다는 확신을 갖게 한다.

특징적으로 분명 어떤 이야기들에는 때로 특정 단어들이 포함되어 있는데, 그래서 사람들이 그러한 표현을 듣자마자 저 이야기들을 떠올리게 되기도 한다. 이에 해당되는 단어들에는 "네피림", "테홈"(태고의 바다), 방주, 홍수, 창조 등이 있다. 물론 가장 오래되고 가장 사랑받는 이야기들만이 그러한 용어를 지닐 수 있었을 것이다(참조, Gunkel, 5, 59, 62, 67, 102-3, 119, 151, 212-13).

16. 더 나아가 행위의 진행은 개연성 높고, 신뢰할 만하고, 무엇보다 필연적이어야만 한다: 청자가 이야기된 내용이 앞선 것과 비교해 볼 때 혹은 그 자체적으로 개연성이 낮다고 반대할 지점을 느낄 수 없게 해야 한다. 하갈은 오만할 정도로 높아져야 했다(16:4). 사라는 무조건 불쾌감을 느껴야 했다(16:5). 물론, 이 고대 화자가 추구하는 개연성은 우리가 생각하는 것과 다르

---

18. 이러한 핵심어와 내적 연결에 대하여 충분히 주의하지 않음이 Sievers의 자료 구분의 실패로 이어진다. §3,2를 참고하라.

다. 그들의 자연에 대한 지식이 우리가 가진 것과 다른 것과 마찬가지다. 예를 들어, 그들은 방주 안에 모든 동물 종류가 들어갈 수 있다고 믿었다. 또한 하나님과 그분의 개입에 대하여 말하는 방식은, 현대인이 생각하는 가능성과 비교해 볼 때 매우 순진무구하다. 그들은 원시 시대에 뱀이 말했다는 것, 요셉이 그토록 빨리 총리가 될 수 있었다는 것(41:37ff.), 그토록 높은 지위에 있는 요셉이 직접 곡식 판매를 신경썼다는 것(42:6) 등을 당연하게 생각했다. 우리가 '동화같은 것'이라 부르는 이러한 특징들에 대해서 고대인들은 아무런 불편함도 갖지 않았다. 게다가 고대인들은 이집트에 있는 요셉이 고향에 있는 자기 친족들을 전혀 돌보지 않은 것에도 전혀 불편함을 느끼지 않는다. 올릭(Olrik)이 제대로 강조했던 것처럼,[19] 민간 이야기의 개연성은 "언제나 행위의 핵심 작용들"만 신경쓴다. "외적 개연성은 고대인들에게 별로 중요하지 않다." 청자들도 요셉이 이집트에서 겪은 일들에 사로잡힐 때 가나안에 있는 요셉의 아버지와 형제들을 잊어버리게 된다.

다른 한편 잘 짜여진 설화의 사건들은 처음 몇 단어만 보고 이어지는 전체 과정을 알아차릴 수 있을 정도로 단순하지는 않다. 만약 그렇다면 흥미로울 수가 없다. 뻔한 내용을 듣고 싶어

---

19. Zeitschr. für deutsches Altertum LI 9.

하는 사람은 아무도 없다. 화자는 자신의 사고 방식에 따라 복잡한 사태를 묘사하며, 청자는 최종 결과를 미리 예측할 수 없고, 따라서 더욱 긴장감을 느끼며 집중하게 된다. 야곱은 신적인 존재와 씨름한다. 둘 중 누가 이길까? 야곱과 라반은 둘 다 교활하다. 누가 상대를 속아넘길 수 있을까? 영리하지만 호전적이지 않은 야곱은 강하지만 생각은 없는 에서와 맞서야만 한다. 그는 어떻게 이를 해결해야 할까(32:4ff)? 아브라함은 이집트로 내려가야만 했다. 거기서 아브라함에게 무슨 일이 일어날까? 이 사화들은 나름대로 재미있다. 어린아이 같은 청자들은 숨을 멈추고 집중하며, 주인공이 마침내 모든 위험을 이겨낼 때 기뻐한다. 그러므로 이야기는 청자가 아직 그 내용을 모른다는 전제하에 진행된다. (괴테의 표현을 빌리자면) "예측되는 모티브"(vorgreifende Motive), 즉 진행되는 사건의 성공을 암시하는 것(예, 니벨룽의 노래에도 자주 등장하는 것)이 여기서 허용되지 않는다.

화자는 대조를 매우 좋아한다. 사막에서 버림받은 아이가 강력한 민족이 된다. 감옥에 갇힌 가난한 노예가 거대 이집트의 권력자가 된다. 화자들은 이러한 대조를 한 점으로 수렴시키기 위해 노력한다. 곧, 하갈이 완전히 자포자기한 그 순간에 하나님이 자비를 베푸신다. 또한 아브라함이 이삭을 치려고 손을 뻗은 바로 그 순간에 하나님이 말리신다. 롯은 아주 오랫동안 우물쭈물하며(19:15ff.), 야곱은 동틀 때까지 신적인 존재를 붙잡는

다(32:27). 이 바로 다음 장면은 반드시 결정적인 순간이 되어야
만 한다. 이러한 긴장이 완전히 사라지고 갈등이 없다면 실상
더 이상 '사화'라 할 수 없다. 그렇기 때문에 창세기 1장의 창조
이야기는 '사화'라고 불릴 수 없는 것이다(Gunkel, 117). 이 단락은
한 때 더 풍성했을 것이고(참조, Gunkel, 119), 상당히 고대에 속한
것이나, 그 본성상 세련된 구조가 아니다. 그와 마찬가지로 화
자들이 민간전승에서 제공하는 '자투리 기록'(Notizen)과 그러한
전통으로부터 자체적으로 형성되는 사화들(§4,4 참고)에는 사실
상 이야기상의 갈등은 존재하지 않는다. 우리가 살펴본 것처럼
(§2), 설화들은 단순히 화자들의 자유로운 상상력의 발명품이 아
니며, 대부분의 설화는 넘겨받은 소재들에 놓여있고, 많은 경우
직감이나 반성에 의해 주어지는 특정한 자료들을 기록하고 처
리한 것이다. 설화의 이러한 전제들에 대해서는 이미 앞서 다루
어졌다. 여기서 우리의 과제는 설화에서 주어진 소재들의 예술
적인 취급 방식에 주목하는 것이다. 마침내 우리는 이 탐구의
중심부에 도달했다.

17. 앞서 다루었듯이, 많은 설화는 특정한 질문에 답을 준다.
따라서 이러한 설화는 단순히 의도없이 만들어진 무해한 유희
거리라거나 혹은 멋진 것을 찾아헤매는 상상에 불과한 것이 아
니라, 특정한 목적을 갖고 있다. 즉, 설화들은 교훈을 주기를 원

한다. 따라서 이러한 이야기들이 자신들의 소명을 완수시키기 위해서는 핵심 교훈들을 분명하게 드러내야만 할 것이다. 이야기들은 아주 높은 수준으로 이를 수행함으로써, 우리 후손들은 여전히 우리에게도 궁금한 그러한 질문들에 대한 근원적인 근거들을 그로부터 추론할 수 있게 된다. 감수성이 예민한 독자들, 즉 사막을 지나는 길에 불행과 행복을 경험하는 하갈에게 공감하는 이들에게, 전체 사화 속에서 자신들의 귀를 안심시키며 모든 고생을 끝내게 만드는 한 마디는 이것 외에는 있을 수가 없다. 예컨대, "하나님은 듣고 계신다"(21:17). 그러나 동시에 여기서 화자가 이스마엘이라는 이름(하나님이 듣고 계신다)을 설명하겠다는 의도를 엿볼 수 있다.

또한 이삭의 희생제사에 관한 설화에서 참으로 기억에 남을 만한 한 마디, 곧 아브라함이 찢어지는 가슴으로 자신의 순진무구한 아들의 질문을 달래는 한 문장, "하나님이 돌보고 계신다"(22:8; 이 구절은 한글 성경에는 주로 "하나님이 준비하신다"로 번역되었다. 그러나 "이레"라는 히브리어는 '보다'라는 뜻을 지닌 히브리어 동사 "라아"에서 온 것으로 궁켈은 자신의 창세기 주석에서는 22:8, 14에서 동일하게 이를 "돌본다"[sorgen]로 번역한다-역주)가 있다! 하나님 자신이 행하신다는 의미의 이 말이 강조되는 이유는, 이것이 바로 그 거룩한 곳, "여루엘"(하나님이 보고 계신다)의 어원에 관련된 질문에 대한 답이기 때문이다.

또 다른 설화들은 역사적 사건들이나 정황들을 반영한다.

그것이야말로 화자의 직무였기에, 그와 관련된 암시들은 그의 청자들에게 명확하게 드러나야만 했다. 그렇기에 하갈의 도주 설화에서 처음에 행위자들은 개인들로서 우리는 그들의 운명을 추적하며 살핀다. 그러나 중심부에서, 이스마엘에 대한 하나님의 말씀이 주어지는 대목에서(16:11ff.) 화자는 다루어지고 있는 것이 한 민족과 그 운명에 관한 것임을 드러낸다.

한편 히브리인의 미적 취향은 실제의 어원이 의도된 곳이 전혀 아닌 지점에서도 주요한 영웅이나 장소의 이름을 연상시키는 것을 즐긴다. 많은 설화는 그러한 암시로 가득 차 있다. 홍수 설화는 "노아"(8:4, 9, 21)라는 이름을, 이삭의 희생 사화는 "여루엘"(22:8, 12-13)이라는 이름을, 야곱과 에서의 재회 사화에서는 "마하나임"과 "브니엘"이라는 이름을 그렇게 취급한다(참조, Gunkel, 355ff.). 따라서 이러한 설화들은 온갖 암시로 풍부하다. 그것들은 심지어 투명하기까지 해서 그것들을 읽는 사람들은 그저 아름다운 이야기로 여기고 순수하게 즐길 수 있다. 그러나 본래의 이해력의 빛으로 대하는 사람만이 그것들이 지닌 눈부신 색깔들을 알아차릴 수 있을 것이다. 그러한 사람들에게 그것들은 작지만 반짝이며 빛나는 예술작품으로 보일 것이다. 만약 우리가 실수한 것이 아니라면, 특별히 저 절정의 깜박임들을 오해한 것이 아니라면, 다른 설화들보다 앞서는 히브리 민중 설화의 고유함이 존재한다. 이스라엘의 사유와 문학과 마찬가지로, 오늘

날에도 여전히 영적인 영역에서의 그들의 재능과 애착은 특출
나다.

무엇보다도 화자의 예술 기법은, 저 절정에 대한 강조에도
불구하고 모든 의도의 낌새를 감추는 방법을 알고 있었음을 보
여준다. 즉 그들은 놀라운 세련미와 매혹적인 우아함으로 겨냥
하는 목표를 성취하는 법을 알고 있었다. 그들은 자연스럽고 재
미있는 작은 이야기를 들려주어 우리가 어느덧 거기에 귀를 기
울이게 만든다. 그래서 우리는 알아차리지도 못한 사이에 이미
이야기들은 목적지에 도착한다. 예를 들어, 하갈의 도주 이야기
(16장)는 이스마엘이 어떻게 해서 사막에서 탄생하게 되었는지
에 대해 설명하고자 한다. 이를 위해 그 이야기는 이스마엘의
아버지의 집안의 윤곽을 그린다. 그 이야기는 어떻게 이스마엘
의 어머니가 여전히 임신한 채 절망에 빠져 사막으로 도망했는
지 사건들의 납득한 만한 연쇄를 제공한다. 그리고 마침내 이스
마엘이 왜 사막의 아이로 자랐는지에 도달한다.

많은 경우 화자의 직무들은 서로 엉켜있다. 일련의 질문들
에 대하여 동시에 답해야 하거나 혹은 주어진 여러 가지 전제들
을 수용해야만 했다. 탑 건설 사화의 판본들 중 하나는 많은 언
어와 바벨이라는 도시가 어떻게 발생했는지를 묻고, 또 다른 판
본은 민족들의 다양한 거주지와 어느 한 오랜 건축물의 기원에
대해서 묻는다. 또한 많은 경우 이야기의 소재들은 전승을 통해

서 주어지기도 했다(참조, §2, 10). 한 주인공—이스라엘에서는 아
브라함에게로 옮겨간—이 세 신들을 섬기는 사화가 그와 같은
경우에 속한다. 그러나 화자들은 이 이야기를 통해서 단순히 헤
브론에서의 제의 설립을 정당화할 뿐만 아니라 동시에 이삭의
탄생과 그의 이름에 대해서도 해설하려는 의도를 지니고 있었
다. 따라서 여기서의 직무는 서로 다른 소재들을 하나로 통일시
키는 것이기도 했다. 바로 여기서 화자는 자신만의 예술 기법을
보여준다. 그들은 중심 모티브를 이야기의 중심 가닥으로부터
취한다. 그리고 주변 모티브들에서 개별 장면들을 자아낸다. 그
들은 세련되게 그것들을 완성된 전체에 집어넣는 방법을 잘 알
고 있다. 그러한 주변 모티브들 중 가장 익숙한 것이 바로 어원
론이다. 예를 들면, 여루엘에서의 제의에 관한 이야기 속에서
특정 장면, 즉 "하나님이 돌보고 계신다"라는 장소의 이름을 설
명하기 위한 장면이 삽입된다. 그러나 이 작은 장면, 아브라함
과 이삭 사이의 대화(22:7-8)는 전체 이야기의 분위기를 너무도
잘 표현해서, 비록 특정 목적을 가진 것은 아니라 할지라도, 우
리가 결코 놓치고 싶지 않은 것이기도 하다. 혹은 또 다른 경우
에, 저 예술가들은 두 가지 중심 모티브들을 나란히 두었다. 그
다음에 그들은 한쪽에서 다른 한 쪽으로 간단하면서도 개연성
있게 넘어가는 과정을 발견해냈다. 곧, 헤브론 설화의 첫 번째
부분은 세 남자에 대한 접대를 다룬다. 또한 이삭의 탄생을 정

당화하는 두 번째 부분에서는 식탁 대화가 진행되는데, 이 식탁 대화에서 이삭을 약속할 계기가 주어지는 것이다. 이러한 것들을 추구하고 가능한 한 이스라엘 설화의 가장 오래된 의미가 무엇인지 찾아내고 동시에 이러한 이야기의 예술적 구성의 섬세함을 관찰하는 것이야말로 창세기 연구자의 가장 매력적인 과업일 것이다. 물론 이와 같이 다양한 모티브들을 병합하는 것이 항상 성공적인 것은 아니었다. 예를 들어, 다말 이야기에는, 본래 (전승된 바에 의하면) 다말 노벨레와 전적으로 맞지 않는 유다의 부족 사화가 나란히 존재한다(Gunkel, 419). 또한 야곱-에서-라반 사화에는 이스라엘적인 해석이 상당히 붕뜬 채로 덧붙여져 있다.

그러므로 창세기의 가장 오랜 설화들에서 다루어지는 것은 가볍게 대충 그려내고 무해하고 조야한 이야기들이 아니라, 오히려 그 안에서 드러나는 것은 완숙하고, 수준 높고, 상당한 힘이 넘치는 예술이다. 이 사화들은 매우 문학적으로 세련된 것들이다.[20]

---

20. "우리의 [이야기로 들려지는] 민속시는 형식상 [즉 표현 방식에 있어서] 일반적으로 생각하는 수준보다 훨씬 높은 수준으로 연결되어 있다." Olrik, Epische Gesetze der Volksdichtung, Zeitschr. für deutsches Altertum LI 11. Olrik의 논문을 위에서 말한 내용과 비교한다면, 누구나 Olrik이 주장(Gunkel, 1)한 원시 민족의 "공통된 정신력"에 기초한 모든 민속시의 특정한 "서사적 법칙"이 얼마나 정확한지 주목하게

18. 마지막으로, 화자들은 인물들이나 그들의 행동들에 대해서는 명시적인 판단을 거의 내린 적이 없다는 점을 다루고자 한다. 창세기의 화자들은 문체상 호메로스의 경우처럼 주인공들에 대해 수식어를 사용하지 않는다. 이와 같은 화자의 개인 판단에 대한 절제는 예언자들의 영향을 받는 후대의 전설(Legende)이나 역사 소설(Geschichtsbearbeitung)과는 상당히 구별된다. 물론 설화 이야기꾼들도 그러한 판단을 내릴 수는 있었지만, 그것들은 결코 객관적이지 않았고 매우 주관적이었다. 그리고 종종 설화를 제대로 이해하려면 화자의 판단에 공감해야 한다. 그러나 그들은 자신들의 판단을 거의 표명하지 않았다. 즉, 그들은 정신 생활의 과정을 명시적으로 성찰해낼 수 있는 능력을 갖추지 못했다. 그러한 판단을 비교적 명확하게 드러내는 지점이 있다면, 행위하는 인물들의 대화 속에서, 이미 일어난 일을 밝히는 곳 뿐이다(20장의 아브라함과 아비멜렉의 대화라거나 31:26ff.의 야곱-라반 사화의 마지막 장면 등). 동시에 이러한 판단의 침묵이 가장 명확하게 보여주는 것은, 화자들, 특별히 고대의 화자들이 보편적인 진리를 표현하는 데 관심이 없었다는 것이다. 물론 설화들 중 일부

될 것이다. 구약의 이야기들에 대한 차후의 연구는, 보편적으로 적용될 수 있는 이것에 초점이 맞추어져야 할 것이다. 그리고 나서야 이스라엘의 이야기 예술의 고유한 점이 강조될 수 있을 것이다.

는 다소 어떤 특정한 보편적인 진리들을 근거로 삼아서 이야기하기에, 아브라함의 이향 사화는 신앙의 가치에 대해 주목하고, 헤브론 설화(18장)는 환대의 보상에 관하여, 노아의 저주는 부도덕으로 말미암은 민족들의 쇠퇴에 대하여 쓴다. 그러나 이러한 이야기들이 마치 그것들의 본래의 목적이었던 것처럼 이해해서는 안 된다. 이 이야기들에는 그러한 경향이 없기 때문이다. 이는 앞서 본서 §2,3에서 제시했던 것처럼, 질문들에 대하여 보편적인 방식으로 대답하는 신화들과 다르고, 또한 후대의 수집가들—무엇보다도 야훼나 이스라엘에 관하여 그리고 경건이나 도덕에 관하여 어떤 생각들을 내비치기는 했으나(§5,3) 특정하게 고정된 문체에 의해서 상당한 방해를 받았던—인 J와 E와도 다르다.[21]

19. 우리가 창세기 그 자체에서 알아차릴 수 있듯이, 여기서 사실상 주요한 특징으로 묘사되는 이야기의 예술 기법은 비교적 현대적인 방식에 가까운 또 다른 것으로 발전하게 된다. 고전적인 방식에 해당되는 전형적인 실례가 하갈의 도주 이야기(16장)이고, 현대적인 방식에 해당되는 가장 명백한 실례가 바로 요셉 사화이다. 이 두 이야기들을 서로 비교함으로써 두 종류의

---

21. 설화 모음 J, E, P에 대해서는 §5와 §6을 보라.

큰 차이점들을 확인해보자. 전자는 눈에 띄게 짧고 문체도 간결하나, 후자는 많은 부분을 눈에 띄게 늘인다. 이렇게 가장 먼저 눈에 띄는 차이는 이야기의 '길이'다. 사람들은 시간이 지나는 동안 더 거대한 예술 작품을 만들기를 선호하며 그 방법을 익혔다. 두 번째 차이는 사람들은 더 이상 개별 설화를 듣는 것에 만족하지 않고 여러 설화들을 하나의 완성된 전체로 통합하는 법을 알게 되었다는 점이다. 여기에 고대로부터 전해내려 온 "하나로 묶어버리기"(Einsträngigkeit, §3, 15)의 기술이 포기되며, 여러 가닥들이 존재하는 하나의 복잡한 줄거리가 만들어진다. 요셉 사화뿐 아니라 야곱-에서-라반 설화 묶음, 아브라함-롯 설화 묶음이 그와 같다. 이러한 연결이 어떻게 진행되는지 검토해보자. 서로 유사한 설화들끼리 모인다. 그리고 분명히 같은 인물들에 관하여 다루는 저 설화들은 요셉 사화나 야곱 사화에서처럼 하나의 작은 '서사시'(Epos)로 합쳐진다. 완성된 전체의 내적 통일성은 "중심인물에 집중되는 것"에[22] 놓여있다.

혹은 그와 유사하게, 결국에는 헤브론의 아브라함(18장)과 소돔의 롯(19장)처럼 서로 다른 설화들이 합쳐지기도 했다. 그와 같이 J는 창조 사화와 낙원 사화를 서로 엮는다(2, 3장). 둘 다 인류의 시초를 다룬다. P에서는 창조와 홍수에 관한 기원 설화들이

---

22. Olrik, Epische Gesetze der Volksdichtung, Zeitschr. für deutsches Altertum LI 10.

하나의 전체를 형성하게 된다. 우리가 관찰할 수 있는 많은 경
우 이러한 연결 형식은 동일하다. 더 중요한 설화는 두 부분으
로 나뉘어지고, 덜 중요한 설화는 나뉘어진 그 중간에 위치한
다. 우리는 문학사(천일야화, 데카메론, 질블라스 이야기, 하우프 동화 등)에
서 흔히 볼 수 있는 이러한 작문 형식을 '액자 구조 이야
기'(Rahmenerzählung)라고 부른다. 예를 들어, 야곱-에서 사화는 야
곱-라반 설화를 위한 액자가 된다. 그와 마찬가지로 이집트에서
요셉이 겪은 경험은 요셉과 그의 형제들에 관한 사화에 삽입된
다. 이와 비슷하게 아브라함-헤브론 사화는 롯-소돔 이야기와
연결된다. 이러한 작문들의 예술 기법에 대하여 판단할 수 있으
려면 무엇보다 본래 설화의 가장자리들을 관찰해야만 한다. 화
자들은 매우 간단한 수단을 통해서 이 이야기에서 저 이야기로
이동한다. 가장 전형적인 이행 수단은 다름아닌 여행이다. 야
곱-에서 설화의 첫 번째 부분이 끝날 무렵 야곱은 동쪽 사람의
땅으로 이동한다(27:42ff.). 거기서 그는 라반과의 일을 겪고 나서
다시 에서에게로 향하는 여행을 떠난다. 요셉 사화에서 요셉이
이집트로 끌려가는 내용과 그의 형제들의 여행은 개별 이야기
들의 매개 역할을 한다. 이와 마찬가지로 아브라함-롯 설화는
세 사람이 소돔으로 가기에 앞서 아브라함에게 먼저 나타났다
는 이야기를 들려준다(18:16). 이러한 서로 다른 여행들은 어떻게
동기를 부여받는가? 요셉이 이집트로 납치된 것은 지금까지 그

가 본 것을 이야기한 것에 대한 결과이다(37장). 그의 형제들의
여행은, 이집트에서 요셉을 요직에 앉게 하는 데 큰 역할을 한
대기근이라는 동기로 인함이다(42:1). 또한 이집트에서 형제들이
겪는 경험들은 요셉의 저 승격을 전제로 한다(42:6). 그러므로 요
셉 사화는 하나의 완전한 전체로 완벽하게 통합된다. 야곱 사화
는 그보다는 덜 일관적이다. 그러나 야곱이 라반에게로 간 것도
나름의 근거를 갖는다. 그는 에서로부터 도망친 것이다. 그 외
의 원래의 설화들은 서로 서로 완벽하게 녹아들진 않았다.[23] 이
와 대조적으로 아브라함-롯 설화에서는 왜 세 남자가 아브라함
을 떠나 소돔으로 가는지 그 이유를 알아낼 수 없다. 여기서 서
로 다른 설화들의 내적인 분쟁은 나타나지 않는다. 화자는 인공
적인 매개를 만들기 위해 노력했다. 그래서 그는 아브라함이 그
남자들을 소돔까지 데려다주고(18:16) 다음날 아침 동일한 장소
로 다시 찾아왔다고 이야기한다(19:27-28). 여기서, 원래는 서로
다른 이질적인 소재들이 하나의 더 큰 통일성을 이루기 위해 애
쓰는 듯한 화자의 의식적인 예술 기법에 대한 인상을 받게 된
다. 우리는 요셉 이야기들에서 그와 같은 '액자'보다 훨씬 더 긴
밀한 연결들을 발견한다. 즉, 이 안에서 일련의 이야기들이 상
호적으로 나란히 어우러져 촘촘하게 짜여져 있다.

---

23. 사화의 "완전한 집약"과 "느슨한 축적", 둘 다 서사적 민중시에서 자
   주 관찰되는 것이다. Olrik, 위 인용문, LI 10을 참고하라.

이러한 것의 연장선 상에서, 가장 후대인들은 전승받은 설화 소재들을 하나의 완성된 통일체로 정돈한다. 먼저 극동에서 이야기되던 기원 설화들, 그리고 가나안의 동쪽과 남쪽에서 지역화되었던 족장 사화들, 그리고 뒤이어 요셉 이야기들과 마지막으로는 모세와 출애굽에 관한 역사가 뒤따른다. 여기서도 연결은 여행을 통해서 형성된다. 아브라함은 동쪽에서 가나안으로 이동해야만 하며,[24] 요셉의 형제들이 이집트로 입성하는 것은 그들의 후손들이 바로 그곳으로부터 탈출할 것을 예비 시켜주는 것이다.

20. 요셉 사화의 또 다른 특징 중 하나는, 고대 이야기들의 부족함과 가장 뚜렷이 대비되는 장황함이다. 우리는 요셉 사화가 긴 대화, 독백, 상황에 대한 장황한 묘사, 행동하는 사람들의 생각들의 쟁론들로 가득 차 있음을 발견한다. 화자는 이미 보고된 내용을 대화의 형식으로 반복하는 것을 좋아한다. 이와 같은 '서사적 길이'를 어떻게 판단해야 할까? 이는 비단 이 하나의 이야기만의 고유한 특징만은 아니기 때문에, 비록 미약하게 표현되어 있으나 동일한 속성들을, 리브가의 중매 사화(24장), 아브라함과 아비멜렉(20장), 그리고 야곱 사화 속의 개별적인 몇몇 사

---

24. Ed. Meyer, Israeliten 249.

례들(특히 32장 이하의 야곱과 에서가 재회하는 설화)에서도 발견한다. 또
한 이삭의 희생제사에 관한 이야기나 아브라함-롯 사화의 개별
사례들에서도 평행이 제공된다. 이는 분명히 특별한 이야기 예
술 기법으로, 여기서 표현되는 것은 새롭게 개발된 미적 감각이
다. 이러한 새로운 예술 기법은 저 고대의 설화들이 가능한 짧
고 최대한 주변적인 것들을 건너뛰려고 했던 것에 만족하지 않
는다. 오히려 그저 덩그러니 있는 것이라 할지라도 이야기를 더
풍성하게 만들고 아름다운 것들을 발전시키기 위해 애쓴다. 매
력적이고 진기하다고 여겨질 만한 상황들로, 청자들을 가능한
한 오래 사로잡으려고 애쓴다. 예를 들어, 요셉의 형제들이 요
셉 앞에서 있을 때 그들의 불안감은 매우 상세히 설명된다. 청
자가 충분히 그 상황의 매력을 맛볼 수 있게 하려는 의도를 가
지고 최대한 길게 이야기하는 것이다. 그런 의미에서 동일한 장
면이 한 번 더 반복되기 위해 요셉은 처음 마주하는 그 순간에
정체가 탄로나서는 안 된다. 요셉이 베냐민을 데려오도록 요구
하는 이유는, 나이 많은 야곱이 이 명령을 두고 긴 시간을 망설
이도록, 그로 인해 그의 결정이 지연되게 하기 위해서이다. 그
와 마찬가지로 이삭의 희생제사에 관한 설화는, 절망적인 상황
을 지연시키고 긴장을 강화하기 위해 하나님의 직접적인 개입
직전까지(22:9-10) 템포를 느리게 하여 이야기된다. "이러한 망설
이는 태도는, 이것을 뇌리에 박아넣는 놀라운 능력을 지니고 있

다."[25]

　이야기를 늘이기 위해서 반복적으로 사용되는 수단은 동일한 장면을 두 번 이야기하는 것이다. 즉, 요셉은 이집트인들의 꿈을 두 번 해석하고(40-41장), 요셉의 형제들은 요셉을 만나기 위해 두 번 이집트로 와야 하며, 요셉은 그들을 놀래키기 위해 그들의 자루에 보물들을 두 번 숨기고(42:25ff., 44:1ff.), 형제들은 요셉의 잔에 대하여 한 번은 관리인과, 또 한 번은 요셉 자신과 두 번 협상한다(43-44장).[26] 여기서 가장 흔한 것은 두 판본들이 어떤 방식으로든지 약간씩 다르다는 점이다. 두 행위가 거의 완전히 일치하고 동일한 어휘로 이야기되는 고대의 형식은 창세기에서는 오직 롯의 딸들에 관한 사화에서만 발견된다(Gunkel, 218).[27] 때때로 화자는 비록 드문 경우이긴 하나, 고대의 모티브를 바탕으로 새로운 장면을 발명할 수도 있었을 것이다. 예를

---

25. Olrik, Epische Gesetze der Volksdichtung, Zeitschr. für deutsches Altertum LI 9.

26. 이것은 Olrik(위 인용문, LI 3ff.)이 말한 "반복의 법칙"이다. 새로운 시는 각 개별 부분 색칠을 통해 사태의 범위와 의미를 묘사한다. 이러한 생생함으로 가득한 민중시는 그러한 묘사 없이는 사라지게 될 것이다. 이를 피하기 위해서 사용되는 것이 반복이다. Olrik에 의하면 '세 번'은 그러한 반복의 특징이자 구약에서도 그러한 동기로 매우 자주 사용되나 창세기에서는 등장하지 않는다. 오히려 여기서는 '두 번' 반복이 문체의 법칙으로 나타난다.

27. 위 인용문, Olrik 8ff.

들면, 요셉이 형제들과 있는 마지막 장면이 그러하다(50장). 소돔을 두고 아브라함이 하나님과 협상을 벌이는 장면은 중간에 삽입된 것이다(18:23ff.). 이 장면은 가히 '교훈시'(Lehrdichtung)라 불릴 만하다. 이 내용은 저자의 시대를 뒤흔들던 종교적인 문제와 소돔 사화를 읽으면서 저자에게 떠오른 생각을 다루기 위해 쓰인 것이다(참조, Gunkel, 203ff.). 이 화자는 긴 대화에 대한 상당한 애착을 갖고 있다. 즉, 심지어 행동조차도 대화에 종속된다. 이러한 특징을 가장 잘 나타내는 것이 아비멜렉과 아브라함의 만남이다(20장). 여기서는, 고대의 문체에서 항상 지켜진 규칙, 즉 발생한 사건의 순서를 따라 이야기를 들려주는 것이 아니라 그와 반대로 처음에는 일련의 사건들이 등장하고, 이어지는 대화에서 "뒤늦게 보충될" 내용들은 숨겨진다. 이처럼 화자는 그러한 사실에 대한 설명이라는 값을 지불하고서라도 연설을 더 흥미롭게 만들려고 노력했다.

이야기 속의 한 인물을 통해 이미 보고가 된 내용을 다시 이야기하게 하는 내용으로 채운 대화도 상당히 인기가 있었다(42:13, 21, 30ff., 43:3, 7, 20-21. 44:19ff.). 이와 같이 반복해서 들려주는 대화에서 (호메로스와는 달리) 두 번째는 약간의 변형을 준다거나 혹은 두 번째 보고에는 새로운 특징을 도입함으로써 특수성을 부여하는 것이 문장쓰기의 규칙이다(참조, 3:2-3).

이러한 보다 더 긴 대화에 대한 선호는, 분명하게 볼 수 있듯이, 히브리 설화 문체에서는 부차적인 현상 곧 후대의 특징이다. 우리는, 여러가지 근거들로 설화의 후대의 새싹이나 보충물로 인지되는 저 단락들(13:14-17, 16:9-10. 18:17-19, 23-33)에 그와 같이 상세하게 설명되는 대화가 포함되어 있음을 볼 수 있다.

또한 우리는 히브리 문학의 다른 장르에서도 이러한 장황함이 주는 기쁨을 입증할 수 있다. 예컨대, 아모스의 짧고 간결한 문체가 있고, 예레미야의 장황한 문체가 있다. 그와 마찬가지로 언약서에는 짧은 법률 규율과 신명기의 긴 논증들이 있고, 잠언의 핵심을 구성하는 짧은 지혜의 말이 있고 잠언의 서론으로 후대에 덧붙여진 상세히 설명되는 연설이 나란히 존재한다. 가장 오래된 민요는 종종 한 줄 길이이거나 혹은 예술적 운문의 긴 시이기도 하다.[28]

우리가 이러한 후대의 미적 감각에 항상 공감하는 것은 아니다. 예컨대, 요셉 사화는 지나치게 넓어진 길이로 인해서 지루해질 위험에 빠진다. 다른 한편으로, 이러한 수다스러움은 새롭게 획득한 영적인 능력의 표시이기도 하다. 고대는 자신의 내면 생활을 짧고, 단절된 말들로만 표현할 수밖에 없었으나, 후손들은 보다 더 정확히 살피고 온전하게 표현하는 법을 배웠다. 동시에, 개개인의 정신 생활에 대한 관심이 상당히 높아졌다는

---

28. 이러한 단위의 '팽창'에 대하여는 "Kultur der Gegenwart" I 7의 "Israelitische Literaturgeschichte" 54를 참고하라.

뜻이기도 하다. 비로소 심리적 문제를 치료하겠다는 욕구와 힘을 갖게 된 것이다. 예를 들면, 이삭의 희생제사에 관한 이야기에서 인물 성격 형성의 표본이 창조되었다. 요셉 사화의 화자는 자그맣고 다양한 특징들을 한 사람의 상으로 만들어내기 위한 예술 기법 능력을 소유하고 있음을 보여준다. 특히 이는 요셉이 베냐민을 보았을 때(43:30), 요셉의 내면의 요동치는 모습에 대한 묘사나, 요셉이 살아있음을 야곱이 들었을 때의 내면의 묘사(45:26ff.) 등에서 성공적으로 표현된다. 지금까지 묘사한 두 장르 간의 차이는 너무 커서 서로 다른 이름으로 구별하는 것이 적절하다. 하나는 '설화'(Sage)로, 또 다른 하나는 '노벨레'(Novelle)로 칭하기를 권한다. 물론 이 둘 사이의 차이는 유동적이다. 라반-야곱 이야기 혹은 리브가 이야기에서처럼 이행 형태를 갖춘 것을 '노벨레처럼 꾸며진 설화'(novellistisch ausgeschmückte Sagen)라거나 '설화 모티브를 기반으로 한 노벨레'(Novellen auf Grund von Sagenmotiven)라고 할 수 있을 것이다.

21. 이러한 문체의 나이에 관해서도, 신중을 기해야겠지만, 어느 정도는 말할 수 있다. 설화에서 얻은 이야기의 예술 기법은 나중에 역사 서술로 옮겨가게 되는데, 거기서 동일한 혹은 유사한 관찰을 할 수 있게 된다. 현재 우리에게 알려진 가장 오

래된 역사 서술은 '상세히 서술하는' 문체를 따른다.[29] 그러므로 우리는 설화의 상세히 서술하는 문체가 왕정 시대 초기에 발생했다고 추측해볼 수도 있을 것 같다. 그렇기 때문에 간결한 문체는 이미 그 당시에 수세기 동안 실행되어온 것이어야 한다. 그러나 우리가 반드시 여기서 주의해야 할 것이 있는데, 이야기의 종류의 나이에 관해서 판단할 수 있는 것이지, 결코 이러한 문체에 담겨진 이야기 그 자체의 나이에 대해서는 판단할 수 없다는 점이다.

22. 창세기의 곳곳에서 발견될 수 있는 아주 간략한 '자투리 기록'은 상세히 서술하는 설화와는 상당히 대조적이다. 예를 들어, 야곱은 아주 짧게, 마하나임에서 신성한 주를 만났다고 간단히 말한다거나(32:2-3), 세겜에서 밭을 샀다고 말한다거나(33:18ff.), 벧엘에서 유모 드보라가 죽고 장사되었다고 한다거나(35:8, 14), 에브라다에서 라헬이 베냐민을 낳으면서 죽어갔다거나(35:16ff.), 막벨라 굴에 사라가 장사되었다거나 하는 것들이 여기에 속한다(Gunkel, 274). 이러한 자투리 기록이 이미 알려진 어떤 사건이 발생한, 때때로는 전체 전승에 주요한 사건이 일어났던 장소에 많다는 것은 우연이 아니다. 그러므로 우리는 그러한 진술 속에서,

---

29. RGG에 내가 썼던 "Geschichtsschreibung im A.T."을 보라.

사람들의 입에서 입으로 전해내려오던 지역 전승들을 확인할 수 있게 된다. 이와 같은 장소에 관한 짧은 전승들은 독일 전역에서도 들을 수 있고 또한 설화 모음집에서도 읽을 수 있다(참조, 그림 형제의 Deutsche Sagen. 2, 6, 11, 12, 19, 21, 22 등. 그리고 카를 바더의 Hessische Sagen I의 8, 10, 11, 17, 19, 20 등). 후대의 화자들은 때때로는 그러한 '자투리 기록'을 통해서 전체 이야기를 만들어내기도 했다(§4,4 참고).

제4장
구술 전통 속 창세기 설화의 전승사

* Guthe, Geschichte des Volkes Israel, 156ff., 161ff., 여기에 더 많은 문헌들이 있다.

1. 이 설화들은 기록되었을 때부터 이미 고대의 것이었고, 이미 그 너머의 긴 역사를 갖고 있었다. 따라서 실상은 이러하다. 곧, 설화의 기원에 대한 질문은 언제나 연구자의 눈을 저 선사 시대로 돌리게 한다. 그리고 또한 이러한 경우도 있다. 설화의 오래된 나이는, 그것이 종종 셈, 함, 야벳, 가인, 이스마엘, 르우벤, 시므온, 레위(§2,5)처럼 후대에는 사라졌거나 혹은 몰락한 민족들과 부족들에 대해 들려주고 있음을 보여준다. 더 나아가 고대의 종교나 도덕성을 우리에게 누설하는 그와 같은 수많은 야생적인 특징들이 있다. 예컨대, 천사의 결혼 사화(6:1ff.), 야곱과 신성의 씨름(32:25ff.)과 같은 신화적인 잔존물이라거나 족장

들의 거짓과 속임수에 관한 다양한 사화 등을 떠올려보라.

2. 이 설화들 중 일부, 어쩌면 상당히 많은 부분이 이스라엘에서 나온 것이 아니라, 외국에서 이스라엘로 유입된 것이다. 또한 이러한 사화의 성격상, 그것은 민족에서 민족으로, 나라에서 나라로, 또한 종교에서 종교로 이동한다. 독일의 설화들과 동화들도 그와 같이 상당수가 외국에서 건너온 것들이다. 심지어 오늘날 현대의 시민들도 그들의 이야기보다 더 쉽게 또 많이 정신적 보물들을 교환하지 않는다(독일에 얼마나 많은 외국 소설들이 퍼져있는지를 생각해보라). 우선 우리는 이스라엘이 수천 년의 문화라는 거름이 뿌려진 땅에서 살았다는 것을, 이스라엘이 결코 고립된 채 살지 않고 오히려 민족들(이들 중 일부는 문화적으로 탁월한 민족이다)에 둘러싸여 살았다는 것을, 더 나아가 고대 바벨론에서 이집트에 이르기까지, 또 아라비아에서 지중해를 지나 마침내 팔레스타인에 당도하는 그와 같은 세계무역과 세계교량을 감안한다면, 당연히 국가들로 둘러싸인 이스라엘의 지정학적 위치가 수많은 외래어를 수용할 수밖에 없었던 그들의 언어 뿐 아니라 그들의 설화에도 반영되었음을 주장하게 될 것이다.[1]

게다가 설화들은 그 자체로 다양한 자료들로부터 모였음을

1.　"Kultur der Gegenwart" I 7의 "Israelitische Literatur" 55를 참고하라.

증거한다. 설화들은 정말로 가지각색이다. 일부는 바벨론에서, 또 어떤 것들은 이집트에서, 어떤 것들은 가나안의 동부 및 남부에서, 다른 일부는 가나안 그 자체에서 들려지던 것이다. 어떤 것들은 조상 및 첫 조상들을 농부(낙원 설화)로, 또 다른 것들은 목자로 여긴다. 어떤 것들은 고대 조상들의 총명함을 찬양한다(야곱, 아브라함, 노아). 그러나 다른 어떤 것들은 지식의 습득이 하나님을 거역하는 짓으로 여긴다(낙원 설화).

그와 마찬가지로 설화의 신 개념도 각양각색이다.[2] 신은 밤과 엮여 있기도 하고(브니엘 설화, 소돔 설화), 다른 한편으로는 낮에 등장하기도 한다(헤브론 설화). 신은 스스로를 꿈에서 계시하기도 하나, 사람들 사이에 눈에 보이게 거닐기도 한다. 신비의 전율이 신을 감싸고 있으나, 선사 시대 사람들은 신과 매우 친밀하게 교제했다. 신은 불과 연기 가운데 나타나기도 하고(15장) 혹은 전혀 그런 징조 없이 나타나기도 한다. 신은 나무, 샘, 돌에 거하다가, 이후에는 더 이상 지역의 신성한 기운(Lokalnumen)으로 보이지 않게 되고, 혹은 목자들과 함께 그들의 보호영으로 그들과 함께 떠돈다. 신의 거주지는 (가인 설화에서처럼 가나안의) 비옥한 땅이지만, 저 먼 곳 하란에서 아브라함에게 자신을 계시하며, 그

---

2. 이는 Haller의 Religion, Recht und Sitte in den Genesissagen (1905)에서 잘 강조되는데, 거기서 그는 또한 풍부한 독립적인 관찰들을 발견한다.

랄이나 나홀의 성, 그리고 이집트에서도 조상들을 돕는다. 신은
집과 마당의 가장 사소한 용무들과 뒤섞여 있다가도, 자신이 만
든 전 세계를 지배하기도 하며, 인류의 산물들에 질서를 부여한
다(기원 설화). 신은 가장 은밀한 것을 살피기도 한다(38:10). 그러나
또 다른 때에 신은 사태를 살피기 위해 직접 현장으로 간다(11:5,
18:21). 신은 행동하고 말하기 위해 사람의 모습으로 나타나지만,
또한 은밀하게 행동하며, 신비로이 일어나는 사건의 전모를 주
관한다(요셉 노벨레). 신은 선조들에게 은혜로운 존재이면서도, 밤
에 선조들을 살기 등등하게 습격한다(브니엘 설화). 신은 인류보다
무조건 우월하지만(24:50), 그는 인류의 지나치게 커져가는 힘을
신경쓰고(11:6), 심지어 때로는 인간에 의해 압도되기도 한다(브니
엘 설화). 인간은 신의 저주에 순순히 복종한다(낙원 사화). 그러나
또한 인간은 어린아이 같은 순종으로 그분의 지혜와 선함을 신
뢰하고(아브라함의 이향), 의인(16:5, 26:22-23)과 선인(38:7) 수호자로
그를 숭배한다. 대부분의 경우, 현존하는 판본에서 예외없이 그
존재는 하나의 신(ein Gott)이다. 그러나 어떤 단락에서는 다신론
도 그 안에서 울려퍼진다. 예를 들어, 창조 사화와 탑 건설 사화
의 "우리"라는 표현에서, 또한 벧엘의 천상의 사다리에서 마하
나임의 "군대"에서 희미하게 들린다. 헤브론 설화에서 원래는
세 신들이 등장한다(Gunkel, 200). 브니엘 설화에서 야곱은 아마도
야행성의 하급 악령과 싸웠을 것이다. 그럼에도 불구하고 이것

들이 하나의 동일한 신의 모습에 기초한다고 볼 수는 없고, 다
양한 것들이 모였다고밖에 할 수 없을 것이다.

또한 이것은 분명하다. '야훼'라는 이름은 이러한 설화들에
차후에 새겨졌다는 것이다. 무엇보다 구약 전체에서 불, 연기,
지진, 천둥, 번개 가운데 나타나는 것을 야훼의 특징으로 보는
것은 부차적인 15장에서만 볼 수 있으며, 그밖의 창세기에는 그
것들을 전혀 말하지 않고, 부족이나 인물의 이름 중 '야훼'와 결
합된 것은 하나도 발견할 수 없다.[3] 그와 대조적으로 우리는 이
스라엘, 이스마엘, 브니엘과 또한 아마도 원래는 야곱-엘, 요셉-
엘과 같은 고유명사에서 '엘'이라는 이름을 마주하며, 라해로이
에서 엘-로이(16:13)를, 브엘세바에서 엘-올람(21:33)을, 벧엘에서
엘-벧엘(31:13)을 듣게 된다. '엘 샤다이'와 '엘 엘룐'도 이러한 유
형에 속한다. 우리의 두 개의 설화 모음집들(E와 P)은, 족장들의
신을 '야훼'로 부르기를 기피한다(§5, 2). 분명하게 외국 소재를
다루는 욥기에서 '야훼'라는 이름을 사용하지 않는 것과 같이,
이러한 이야기들이 본래 역사적 이스라엘의 하나님과 관계가
없다는 식의 일말의 느낌을 그 안에서 읽을 수 있을 것이다. 게
다가 '야훼'에 관하여 말하는 제3의 자료(J)에서도 '야훼 체바오
트'라는 이름은 빠져있다.

3.　Greßmann, ZAW XXX 28.

비록 신 개념에 있어서 눈에 띄는 몇몇 차이점들이 이스라엘의 내적 발전으로부터 설명될 수 있을지라도, 그토록 광범위한 다양성은, 오직 설화 소재들이 이스라엘로부터 기인한 것이 아니라 오히려 이스라엘 외부나 적어도 야훼-신앙 이전으로부터 유래한 것이라고 할 때에야 이해될 수 있다. 일반적으로 기원 설화들에 대해서는 바벨론의 영향을 가정할 수 있다. 바벨론 설화에 따르면, 바벨론은 인류 전체의 본향이고, 세계에서 가장 오랜 도시며, 홍수 이야기 속에서는 아라랏 땅으로, 낙원 사화에서는 동방의 수원지로 불린다. 우리는 홍수 설화의 바벨론 기원에 대해서도 증명할 수 있다. 왜냐하면 그에 대한 바벨론의 판본을 우리가 갖고 있기 때문이다. 창조 사화도 바벨론의 것과 일치한다. 태고의 바다를 두 부분으로, 위의 물과 아래의 물로 나누는 의미심장한 특징도 일치한다. 인류의 최초의 열 명의 조상들은 바벨론의 최초의 열 명의 왕과 기본적으로 동일인물이며, 특별히 성서의 에녹은 바벨론의 엔메두르안키(Enmeduranki)라는 인물로 거슬러 올라간다(Gunkel, 136). 바벨론의 왕이자 앗시리아 도시들의 설립자인 니므롯은 앗시리아-바벨론 설화 등장 인물(Sagengestalt)에서 유래했을 것이다. 또한 탑 건설 설화는 바벨론을 다루기에 그것과 밀접한 관계가 있어야만 한다. 낙원 설화와 이란의 설화 사이의 평행들은 이것들이 동방에서 아마도 메소포타미아로부터 기원한 것임을 보여준다(Gunkel, 37-38). 이러한 기원 설화의 기원은 족장 설화들과의 차이점을 보여주며, 이에 대해서는 이미 설명한 바 있다(§2,1). 곧, 기원 설화의 보편주의적 인 태도는 바벨론 세계 문화의 더 넓은 관점으로부터 비롯한 것 이며, 강력한 신인동형동성론 및 독특할 정도로 암울한 신에 대 한 두려움은 이러한 소재들에 언젠가 각인되어 있던 이방 종교 의 최후 잔존물로 이해될 수 있다. 가장 오래된 조상 설화들에 의하면, 족장들이 가축 떼를 돌보며 살았던 것에 비해(참조, LIX A.3), 기원 설화는 인류를 농부(참조, 8:22, "심음과 거둠") 내지는 포도 원 농부(9:20)으로 여기며, 또한 거대한 건축, 도시, 탑, 배에 관하 여 말한다는 점은 높은 수준의 문명의 영향으로 설명될 수 있 다.[4]

　이러한 설화들이 이스라엘에 언제 어떻게 침투했는지에 대 하여 연구자들의 생각은 제각각이다. 내적인 근거를 살필 때, 아마도 그것들은 이미 이천 년 이내에 민족에서 민족으로 이동 하여 가나안에 도착했고 이스라엘이 가나안 문화 속에서 자라 며 그것들을 흡수했을 가능성이 높은 것으로 보인다. 또한 창세 기 1장의 소재에서 바벨론의 영향과 나란히 가나안의 영향도 확인하는데(Gunkel, 104, 129 참고), 노아의 인물상은 가나안-시리아 에 기원을 두며(Gunkel, 79), 성서의 하와는 페니키아의 *Hwt*와 관

4.　Haller, 위 인용문 17-18. 48ff.. 121ff..

계가 있고(Gunkel, 23), 그와 마찬가지로 아마도 에서는 페니키아
의 *Usoos*와 관계가 있을 것이다(Gunkel, 296). 우리는 텔-아르마나
서신을 통해 이 고대 시기에 이미 바벨론의 영향이 가나안에 이
르렀음을 잘 알고 있다. 그러나 이후 시기에, 이스라엘 안에서
자의식이 발생했을 때, 그러한 이방 신화들을 거의 받아들이지
않게 되었을 것이다(Gunkel, 72-73, 128-29를 참고).

우리는 기원 설화에서는 어떤 방식으로든지 이집트의 영향
에 대해서는 확인할 수 없다.[5] 한편 우리는, 비록 확실히 증명할
수는 없지만, 아마도 이집트에서 이야기되었고 이집트 설화로
거슬러 올라갈 수 있을지도 모르는 요셉 노벨레에서 이집트의
영향을 추측할 수 있다(참조, Gunkel, 400). 특히 요셉의 농업 정책
에 관한 설화(47:13ff.)에서 그러한 영향을 엿볼 수 있다.

또 한편으로 무엇보다 아브라함, 이삭, 야곱, 그리고 야곱의
아들들에 관한 설화들은 요셉의 설화와 다르다. 요셉에 관해 다
루는 사화에서 매우 특징적인 이스라엘 이름들이 언급되며, 또
한 디나 설화(시므온과 레위, 34장), 다말 설화(유다, 38장), 르우벤 설화
(35:22)에서도 이야기의 이스라엘 기원은 비교적 명확하다. 이러
한 설화들은, 가나안으로 이주한 이스라엘에 대한 어떤 역사의
기억들을 반영하는 것으로 창세기의 가장 후대의 내용에 속한

---

5. Ed. Meyer, Israeliten 210.

다. 아브라함, 이삭, 야곱에 관한 설화들에 대하여 의문시되는 것은, 그것들이 가나안 안에서 이스라엘에 의해 발견된 것인지 아니면, 그들이 이주하며 함께 가져온 것인지에 대한 것이다. 자, 이 이야기들이 실제로 가나안이 아니라, 예외없이 이 땅의 동쪽과 서쪽의 초원에서만 이루어진다는 것에 주목하자. 때때로 (이스라엘의) 조상들이 가나안과 접촉했지만, 괄목할 만한 점은 그들에 의해 가나안의 도시들이 거의 "자투리 기록"($3,22)이나 혹은 원래 설화가 아닌 후대의 개작에서 이야기될 뿐이라는 것이다. 즉, 12:6, 8, 13:5 이하의 세겜과 벧엘에서의 아브라함(Gunkel, 167, 176; 28:10ff., 33:17ff., 35:1ff.)에 의해, 벧엘, 숙곳, 세겜에서의 야곱(Gunkel, 322, 368, 378-88)과 에브라다에서의 야곱(Gunkel, 382; 35:16ff.)에 의해 그렇게 회자된다. 가장 중요한 예외는 헤브론의 아브라함에게 찾아온 세 남자에 관한 이야기가 토착화되었다는 것이다. 하지만 이 설화는 원래 여기에 속하는 것이 아니라는 것을 확실히 알 수 있다(Gunkel, 299). 이로부터, 조상 설화들은 가나안에서 발생한 것이 아니라 오히려 이스라엘이 처음으로 가지고 들어온 것이라 결론을 내릴 수 있다. 사람들은 조상들이 본래 가나안이 아니라 동쪽과 남쪽에 속한다는 것을 기억했다. 조상들은 이야기들을 가나안에서 현지화를 시도하지 않고, 단지 몇몇 가나안 장소들을 '자투리 기록'으로 전하는 것에 만족했다. 또한 사람들은 후대의 이스라엘의 가나안 점령의 정당성

을 위하여 이러한 조상들의 첫 출현에 큰 가치를 두었던 것 같
다. 그러나 그토록 중요한 가나안의 장소들, 예루살렘, 여리고,
단, 실로, 오브라 및 기타 많은 곳들은 조상 설화에서 전혀 언급
되지 않는다.[6] 초원으로부터 나온 이러한 조상 설화들의 기원
은, 가장 오래된 이야기는 족장들을 농부가 아니라 유목민으로,
특별히 양을 돌보는 이들로 여긴다는 사실로 이어진다.[7] 또한

---

6. Eerdmans, Alttest. Studien II 30.
7. 아브라함, 이삭, 야곱과 같은 조상들이 고대 설화에서 유목민으로 여
    겨진다는 사실은 다음과 같은 사실들에서 분명하게 드러난다: 20:1,
    24:62에서의 그들의 초원 거주; 그들이 12:8, 13:3, 12, 18, 31:25, 33
    에서 여정 중에서 뿐만 아니라, 18:9, 24:67, 25:27, 26:17, 25 등과 같
    이 도시에 매우 가까웠을 때도(18:1ff., 33:18-19) 천막에 살았다. 작은
    가축 떼가 언제나 혹은 반드시 (라반의 경우처럼) 그들의 소유로 언
    급된다(30:43, 34:23); 그들의 재산이 많았으나 농지는 그렇지 않았
    다(12:16, 13:2, 24:35, 26:14, 30:43). 아브라함은 낙타로 해외에서 자
    신의 재산의 풍부함을 나타낸다. 양은 24장에서처럼 그토록 빠르게
    그처럼 먼 곳까지 몰 수 없다. 조상들은 농경지가 없었기에 왕으로
    부터 선물로 가축을 받는다(20:14). 야곱은 라반 밑에서 일할 때, 농
    장 관리인이 아니라 목동으로 일한다(30:29); [야곱의] 다 큰 아들들
    이 들판으로 나갔을 때, 그들은 농경지가 아니라 가축들과 함께 있
    었다(34:5, 37:12). 조상들이 자신들의 고향을 떠나야만 했을 때, 그
    들은 가지고 갈 수 없었던 것에 대하여 유감을 표명하나 그것이 경
    작된 토지는 아니었다(45:20). 조상들은 목초지 및 물이 있는 지역
    을 두고 이웃과 다툼을 벌인다(13:7, 21:25ff., 26:20ff.). 만약 아브라
    함과 롯이 농부였다면, 그들은 함께 머물 수 있었을 것이다(13:7). 때
    때로 그들은 기근이 발생하면 문명이 발달한 다른 나라나 혹은 도시
    로 이동하며(12:10ff., 20:1, 26:1) 그리고 어느 한 집에 거주한다(26:8

가인-아벨 사화는 본래 양치기들 사이에서 이야기된 것이며
(Gunkel, 47), 가인-부족 가계도는 동쪽과 남쪽에 속한 이름들이
많다(Gunkel, 50). 어디서나 계약을 잘 맺고 영리하며 심지어 교활
하기까지 한 선조들의 부드럽고 유순한 성격은 자신들이 기르
는 동물의 느긋함으로 인해 평화로울 수밖에 없는 양치기라는
직업에 잘 들어 맞으나, 후대의 역사적 이스라엘의 호전적인 정
신과는 잘 맞지는 않는다.[8] 선조들이 언젠가 살았던 그러한 상
황에 대한 다소 변형된 기억을 수용하는 것이라 할지라도, 여기
서 유목민 시절의 상태에 대해서 상당히 신선하게 표현되어 있
다는 사실을 부인할 수는 없다.[9] 무엇보다 주목해야 할 점은, 조

소돔의 롯); 그러나 결코 거기서 장기간 머무르지는 않는다(20:15,
34:21); 그랄의 아비멜렉이나 세겜의 하몰과 마찬가지로(20:15,
34:10, 21), 그들의 삶의 방식은 이사(20:13)에 내몰려 있다. 의미심
장한 점이 있는데, 헤브론 사화에 포도주는 나타나지 않는다는 점이
다(18:8). 그들은 빵을 즐겨 먹으며(18:6, 19:3, 25:34, 27:17, 37:25) 무
언가를 먹어야만 할 때 빵이 없다면 제대로 된 삶으로 여기지 않는다
(42:1, 43:2ff.). 야곱과 같은 목자는 야채를 뽑아올 수 있었다(25:30).
그와 반대로 조상들의 농업은 후대 설화에야 비로소 전제된다. 조
상들의 삶에 대한 올바른 관찰에 대해서는, Ed. Meyer, Israeliten 132
A. 1., 305, 그리고 Luther, 위 인용문, 159, ZAW XXX 25-26을 보라.
Eerdmans의 Alttest. Studien II 38ff.는 고대 설화의 진술과 이차 단락
의 진술(아래의 §4,5를 참고)을 구별하지 않고, 족장들을 '자리 잡은
사람들'이었을 것이라는 결론에 도달한다.

8. Ed. Meyer, Israeliten 303; Greßmann, ZAW XXX 26.
9. Haller, 위 인용문 32.

상 설화들에서는 결코 가나안의 신명인 '바알'이 등장하지 않는다는 것이다.[10] 그레스만의 추측에 의하면,[11] 이스라엘 선조들에 관한 이야기에서 거의 독점적으로 나타나는 '엘'이라는 존재는 가나안에서 이스라엘이 넘겨받은 것이 아니라(Gunkel, 187, 236, 285), 오히려 이스라엘의 선조들의 신이었다. 따라서 이러한 설화들은 가나안으로 이주하기 전 히브리 부족들에게 알려져 있었음이 분명하다.[12] 이와 같은 기원으로 인해서, 이 설화들은 역사적으로 큰 가치가 있다.

이로 인해, 연구자들이 항상 마음에 품는 창세기에 관한 가장 중요한 의문들 중 하나가 해소될 수도 있다. 조상 설화는 어떻게 이스라엘이 가나안으로 완전히 이주하기 전에 이미 가나안에 선조들이 존재했다고 가정하게 된 것인가? 다음과 같은 대답이 가능하다. 벧엘이나 세겜과 같은 실제 가나안의 장소들이 언급되기는 하나, 그에 대한 역사적 전승은 없다. 오히려 가나안으로 이주한 이스라엘이 자신들이 초원으로부터 들여온 자신들의 선조들을, 많지 않은 장소에, 토착화시켰다. 그런 연유로

---

10. Greßmann, ZAW 28.

11. ZAW XXX 28.

12. 동일한 결론이, Ed. Meyer, Israeliten 83과 Greßmann, ZAW XXX 28ff. 에 있다. 물론 남쪽을 반영하는 설화는 유다 지파에, 동쪽은 르우벤에게 할당된다. 그러나 그러한 부족명은 설화들에 언급되지 않았다. 따라서 더 오랜 정황을 다루고 있을 것이다.

이스라엘의 조상들이 모세나 여호수아보다 먼저 가나안에 있어야만 했다는 생각이 발생했다. 그러므로 이스라엘의 역사 시대(즉, 가나안 이주 후)는 후대에 발생한 일련의 설화들을 소위 저 고대 시대로 옮겨놓았다(34, 38장).

그러므로 우리가 최대한으로 파악할 수 있는 이스라엘의 설화 전승에 대한 총체적인 상은 다음과 같이 광범위하게 말할 수 있다. 기원 설화는 사실상 바벨론에 속하며, 조상 설화는 고대 히브리 기원을 갖되 이스라엘의 역사적 시대의 몇몇 보충물을 포괄하며, 요셉 설화의 양상은 이집트를 향한다. 가나안은 기원 설화를 이스라엘에 중개했으나, 조상 설화에는 전혀 영향을 미치지 않았다. 곧, 이스라엘은, 가나안 선조를 취하기에는 너무 자존심이 높았고, 자신들은 가나안과 관련이 없고 가나안의 혈통과도 무관하다는 인식이 분명했다.

이같은 전체 자료의 배열로 전체 설화의 복잡한 역사가 충분히 상술되는 것은 아니다. 오히려 몇몇 경우에 보여질 뿐이며, 대다수의 경우 개별 이야기들은 이러한 세 개의 주요 흐름과 상관없이 추가적인 선역사를 가정한다. 아마도 이스마엘 설화의 경우, 그 기원이 이스마엘과 연관이 있을 것이며, 그와 마찬가지로 롯의 인물상은, 롯의 동굴 이야기에서 보여지는 것처럼(19:30) 모압에서 자리잡은 그의 지위와 관계가 있을 것이다. 또한 소돔 설화는 아라비아의 용암 지대에 대한 이야기였을 것이다(Gunkel, 216). 라멕의 노래나 라멕의 부족 가계도는 거칠고, 살기등등한 아라비아 베두인과 연관된다.

더 나아가 만약 우리가 다양한 설화들을 추가적으로 평행으로 놓는다면, 그 그림은 훨씬 더 복잡해진다. 먼저 일부 설화 및 설화 모티브는 그리스 소재들과 일치한다. 아브라함이 세 남자를 영접하는 사화는 타나그라(Tanagra)의 히리에우스(Hyrieus)에 의해서도 들을 수 있다(Gunkel, 200). 또한 '보디발의 아내'에 관한 사화도 그리스 이야기와 많이 평행된다(Gunkel, 422). 또한 르우벤의 저주(Gunkel, 384)나 야곱과 에서의 형제간 다툼(Gunkel, 294)에 대한 그리스 이야기 평행들도 있다. 소돔에서의 롯의 설화는 필레몬과 바우키스(Gunkel, 214)를, 이삭의 희생제사는 이피게네이아(Gunkel, 242)를 상기시켜준다. 또한 기원 설화에서도 동류가 발견된다. 남자와 여자가 본래는 한 몸이었다는 것(Gunkel, 13), 태초에는 복된 시대였다는 신화(Gunkel, 113) 등도 그리스인들에게 잘 알려져 있었다. 그리스인들과 히브리인들은 이 문제에 대하여 고려하던 시기에 상호 간의 직접적인 교류는 갖지 않았다. 단순히 그들에게 공통된 소재가 이 두 민족에게 속했던 것이고 또한, 이는 동방에 본래 기반을 두어야만 했던 위대한 전승의 풍부함에서 나온 것이다. 우리가 이 두 민족에게서 유사한 설화들을 발견한다는 것은, 이 민족들에 관한 이야기들을 제대로 배웠다는 것이다. 그러므로 우리는 바로 여기에서 멀리 떨어진, 더 많고 넓은 범위의 공통된 이야기 소재를 볼 수 있다.

그러나 이 범위는 우리가 전체 세계 문헌들로부터 평행하는 것들을 모으기 시작하면서부터 비로소 생생하게 우리 앞에 드러난다. 여기서 가장 먼저 우리에게 드러나는 것은 헤아릴 수 없이 다양한 상이다. 창세기의 설화 및 모티브와 평행을 이루는 것을 우리는 가장 멀리 떨어진 민족에게서도 발견한다. 그리고 여기서 다루는 것은 궁극적으로 어디서나 발생할 수 있는 그러한 모티브 뿐만이 아니다. 그와 같은 것들은 더 있다. 즉, 세계는 하나의 알이고(Gunkel, 104), 하늘은 또 하나의 바다이고(107), 창조는 하늘과 땅을 분리하고(317), 형제끼리 살해하고(44), 죽어가는 자가 예언하며(308), 주인공이 황홀경에 빠지고(135), 뒤돌아 보는 것이 금지되며(213), 생명의 물이 있고(8), 사람들이 돌로 변하는 것(213) 등, 그 외에도 많다. 그러한 것 이외에도 성서와 놀랍도록 일치하고 역사적인 관련이 있어야만 하는 이야기들도 충분히 많다. 예컨대, '보디발의 아내'에 관한 사화는 이집트와 그리스뿐만 아니라, 인도, 페르시아, 심지어 현대 아랍인들 및 수많은 다른 민족들에게서도 유명하다(422). 소돔 사화는 특별히 널리 퍼져있는 이야기 유형에 속하며(214), 그와 유사한 것으로는 헤브론 설화로(193) 대단히 자주 등장한다. 요셉 이야기의 기본 모티브는, 나이 많은 나머지 형들에 의해서 막내가 괴롭힘 당하는 것으로 굉장히 흔하며, 요셉 사화의 개별 대목에서도 등장한다(399-400). 그와 마찬가지로 딸들이 아버지를 속이고 그의 아이를 갖는 기본 모티브도 국제적이다(218). 자신의 남편을 잃은 슬퍼하는 과부가 그 아들을 통해 임신하는 것(419), 최초의 사람의 무죄함과 타락(37) 등, 그 외에도 많다. 나는 가능한 최대한 소재들을 모았고, 거기서 더 나아간 결론들을 얻었다는 점에서 충분히 만족한다. 이 작업이 어서 더 많은 필수적인 것들로 채워지기를 바란다! 바라기는, 이러한 국제적인 설화 연구가, 전 세계에 있는 이스라엘의 설화 소재에 관한 거대한 역사를 보여주기 위해 설화를 다루는 우리의 눈을 더욱 더 날카롭게 만들어주기를 바란다. 적어도 이것은 성서의 설화 안에서 실제 이스라엘에 대해서 알 수 있게 해주지는 못한다. 물론 이스라엘에 흘러들어온 외국의 소재들은 아주 강력하게 대중의 심성과 종교에 적응했다. 이것은 바벨론-히브리 홍수 설화에서 가장 명확하게 확인된다(71-72). 거기서 다신론 신앙은 사라졌다. 수많은 신들이 절대자의 은총들로 강등되거나(참조, 124, 창조 신화에서 그러하다), 하인으로 격하된다(참조, 200, 헤브론 설화에서 그러하다). 또한 엘림(Elim)의 신성한 지역 기운이 야훼와 동일시되고, 그 이름은 이 장소에서 야훼의 별명으로 간주되었다(16:13, 21:33, 31:13; 참조, Gunkel, 187). 그리고 비록 브니엘 사화와 같은 일부 설화는 이스라엘화에 완고하게 저항했으나, 이 설화를 취하여 고등 종교의 정신으로 채운 것은 이스라엘 민족의 가장 훌륭한 성취 중 하나이

다. 그러나 종교와는 별개로, 이러한 설화의 수용 가운데 우리
가 간과할 수도 있는 아주 작은 변화들이 상당히 많이 발생했
다. 이방 인물들은 토착민들로 대체되었다. 그래서 바벨론의 마
법 사제 엔메두르안키의 자리를 히브리인 에녹(135-36)이 차지하
고, 바벨론의 홍수 영웅은 시리아-가나안의 특색을 지닌 노아로
대체된다. 창세기 말미의 이집트 사화는 이스라엘의 인물 요셉
에게로 옮겨갔다. 상당히 많은 경우, 현재 특정 인물에 대해 이
야기하는 이야기들은 원래 그 인물의 것이 아닐 것이다. 한편으
로, 토착민들이 외국의 인물들과 동일시되기도 했다. 에서와 야
곱이라는 설화 속 등장 인물은 에돔-세일 민족과 이스라엘 민족
의 추정상의 선조와 동일시되었다. 그와 마찬가지로, 이스라엘
의 부족들의 대표자들인, 르우벤, 시므온, 레위, 유다 등은 야곱
의 아들로 묘사되었다. 그리고 아브라함, 이삭, 야곱은 이스라엘
민족의 선조가 되었다. 한편, 설화들은 특정한 장소에서 지역화
되었다. 그리스인들도 알고 있는, 세 남자에 관한 사화는 헤브
론에서 일어난다. 당대의 염해에 대해서는 아무것도 말하지 않
는 멸망당한 도시들에 관한 설화는 사해로 옮겨간다(214ff.). 즉,
몇몇 이스라엘에 독특한 특징들이 이러한 설화로 흘러들어간
것인데, 예를 들어, 에서(에돔)가 야곱(이스라엘)에 의해서 언젠가
제거될 것이라거나 요셉이 세겜을 얻을 것이라거나(48:22), 므낫
세가 에브라임 앞에서 후퇴할 것이라는 예언(48:13ff.)이 거기에

속한다. 야곱-라반-설화에서는 국경 조약에 관한 모티브가 길르앗에서 새로이 도입되고(31:52), 소돔 설화에는 소알 보호라는 단락이 추가되었다.

3. 또한 다양한 전승들의 교환 내지는 합병을 통해서도 변화가 발생했다. 우리는 이러한 일이 교역을 통해서, 특별히 부족 성지로의 거대 규모의 순례 과정에서, 또한 이동하는 이야기꾼을 통해서 빈번하게 발생했다고 충분히 상상해볼 수 있다. 따라서 설화들은 이곳에서 저곳으로 이동했고, 현재 우리의 전통이 된 것은 다양한 장소에서 이야기된 것이다. 또 다른 전승에 의하면, 소돔과 고모라에 관한 사화는 본래 아드마와 스보임의 것으로 보인다(Gunkel, 216). 베냐민의 기브아에 관한 비슷한 설화도 제3의 전통(§4,2 참고—역주)에 따라 이야기된다(삿 19장). 이스마엘의 구출은 라해로이(16:14)와 브엘세바(21:14)에서 동시에 각각 토착화된다. 야곱의 귀환에서 야곱과 에서의 만남은 마하나임과 브니엘로 옮겨가는데(32:4ff.), 본래는 거기에 속하는 이야기가 아니다. 에서는 보이는 바와 같이 본래 여기서처럼 가나안 북쪽이 아니라 가나안 남쪽에 속할 것이다(참조, Gunkel, 355). 족장의 이름들은 여러 장소에서 언급이 되는데, 족장들에 의해 그 장소들이 세워졌다고 일컬어지며, 특별히 아브라함은 브엘세바, 그리고 후에 헤브론을 세웠다고 한다. 이삭은 브엘세바(26:23ff.)와, 라

해로이를(25:11), 야곱은 브엘세바와 동시에 브니엘, 마하나임, 그
리고 나중에는 벧엘과 세겜을 세웠다(28:19, 32:31-32, 33:18; 참조,
Gunkel, 403, 406, 462). 우리는 그 인물들이 본래 어느 장소에서 식
사를 했는지 결코 확실하게 말할 수 없다. 또한 그랄 설화(20장,
26장)에서의 아브라함이나 이삭이 그들의 본래 이야기인지 아닌
지도 우리는 알 수 없다. 이러한 변화는 너무 오래된 것이라, 우
리가 구체적으로 확인할 수 없다.

그와 같이 서로 다른 다양한 설화들이 서로 연결되었는데(참
조, 위의 §3,7, §3,19), 예를 들어 J의 낙원 이야기와 창조 이야기가, P
에서는 창조 신화 및 복된 시대의 신화가 연결된다.

더 나아가 다양한 인물들이 함께 결합되었다. 창세기의 노
아라는 인물은 아마도 서로 다른 세 인물, 본래의 바벨론 방주
제작자, 포도원 농부, 그리고 시리아나 가나안이 고향인 세 민
족의 아버지로 형성된다. 가인이라는 인물도 다음과 같은 역사
를 겪은 것처럼 보인다. 1) 피의 복수를 축하하는 가인 부족의
조상으로 설화 속에서는 형제 살인자로 저주를 받았고, 2) 대장
장이 두발과 동일하고 야발(아벨)이라는 형제를 가진 자이고, 3)
게난과 동일시되어 원래의 부족 가계도에 포함되었다(Gunkel,
53). 야곱도 에서 설화에서는 사냥꾼을 이긴 영리한 양치기이다.
또한 그와 유사하나 다른 종류인 라반의 설화에서의 야곱은 교
활한 사위로서 능수능란한 장인을 속여넘긴다. 그와 대조적으

로 요셉 설화에서, 야곱은 나이 많은 아버지로, 가장 어린 아들을 끔찍하게도 사랑하며, 거기서는 그의 교활한 모습이 전혀 언급되지 않는다. 그리고 나서 완전히 다른 강력한 야곱의 모습이 있는데, 그는 브니엘에서 악령과 씨름한다. 또한 이는 벧엘에서 신과 마주한 야곱의 모습과 다시 명백하게 구별된다. 설화들의 통합을 통해서 족장들의 부족 가계도가 세워졌다. 즉, 아브라함은 이삭의 아버지가 되고, 이삭은 야곱의 아버지가 되었다. 그리고 이스마엘은 아브라함의 아들이 되고 롯은 그의 사촌이 되는 식으로 이어졌다. 근거가 무엇인지에 대해서는 우리는 전혀 모른다. 이러한 부족 가계도의 나이가 얼마나 되었는지도 말할 수 없다.

이러한 변화들과 동반하여 설화 소재들 간의 내적 타협이 이루어진다. 그러나 이러한 타협이 완벽하게 이루어지지는 않았다. 설화들은 언제나 다채로운 세계로 존재한다. 한편, 설화들은 과거에는 더욱 다양하게 존재했으나, 이스라엘의 전승은 이러한 서로 다른 차이점들을 아주 강력하게 없앴다고도 충분히 상상해볼 수 있다. 설화들의 통합은 하나의 과정으로서, 이스라엘이 가나안으로 이주하기도 전에 이미 조상들에 관한 이야기에서 이루어지고 있었다고 볼 수 있다. 최초의 왕들 아래서 이스라엘 민족이 다시 뭉치던 바로 그때, 빠르고 철저하게 이러한 과정이 진행되었다고 충분히 상상해볼 수 있다.

4. 그리고 설화들이 이 장소에서 저 장소로 이동하듯, 다양한 시간대를 또한 이동한다. 일반적으로 설화들은 종종 우리가 거의 믿을 수 없을 정도의 충실성으로 회자되는데, 겨우 절반 혹은 거의 이해하지 못할 정도이나, 그럼에도 불구하고 계속해서 전달된다.[13] 만약 고대인들이 이러한 사화들을 사실로 믿었다는 점을, 그리고 화자가 한번이라도 이탈했을 때, 청자들은 마치 우리의 아이들처럼 그런 모든 변화를 실수로 지적한다는 점을, 또한 특별히 현대인들과는 완전히 다른 고대인들은 변화와 개작을 통해서 개인의 권리를 누릴 필요가 전혀 없었다는 점을 기억한다면, 이러한 충실성을 이해할 수 있다. 설화들이 얼마나 충실하게 이야기되었는지, 만약 다양한 설화 모음집들에서 동일한 이야기의 변형들을 비교해본다면, 어떤 편차에도 불구하고, 전체 구상 속에서 때때로는 본문 내용에서도 일치한다는 것을 알아차리게 된다(예를 들어, 리브가 사화의 두 변형을 비교하라).

---

13. '중세적인' 설화 전승의 충실성에 대해서는 A. I'Houet, Psychologie des Bauerntums 258ff.를 참고하라: "그는 소년이었을 때 가우에 관한 설화(Sagen des Gaues)들을 들었다. 그리고 나서 그는, 혁신과 개선을 통해 완전한 변화를 계획하고자 하는 현대인과 달리, 간혹 자그마한 핵심 내용의 성숙을 허용하는 중세인처럼, 그것들을 한 세대 동안 그의 마음에 간직한다. 그리고 그가 노인으로 죽을 때 바로 그것들을 유산으로 물려준다."

그러나 이처럼 충실하게 이야기된 설화들도 보편적인 변화를 겪는다. 새로운 세대가 등장했을 때, 외부 조건이 바뀌었을 때, 혹은 사유가 바뀌었을 때, 즉, 종교, 도덕적 이상, 미적 감각이 달라졌을 때, 민중적인 설화들은 장시간을 동일하게 유지될 수 없다. 천천히 또 머뭇거리면서, 지속적으로 일정한 간격을 두고 설화들은 보편적인 변화를 겪는다. 어떤 것은 많이 변하고 어떤 것은 적게 변한다. 그러므로 여기에서 설화들은 우리에게 민족 가운데서 일어나는 변화를 인식함에 있어서 너무도 중요한 재료를 제공한다. 고대 이스라엘의 종교적, 도덕적, 미적 판단에 관한 역사 전체가 창세기를 통해 기록될 수 있다.

만약 누군가가 이 역사를 알기를 원한다면, 이 변형들을 목적에 맞게 고려해야 한다. 설화는 구술전승과 마찬가지로 다양한 형태로 존재한다.[14] 모든 반복화자(Nacherzähler)는 정말로 충실하지만, 매 특정한 영역과 새로운 매시간마다, 전달받은 사화를 조금씩 다르게 제공한다. 창세기에서 가장 중요한 변형이 바로 두 개의 이스마엘 사화(16장, 21:8ff.)일 것이며, 그리고 그 다음에는 세 가지 판본으로 전달되는 족장의 아내의 위기에 관한 설화(12:13ff., 20장, 26장), 더 나아가 브엘세바에서 계약을 맺는 것과 관

---

14. A. l'Houet 34에서, 오늘날의 민간 전통에 대한 아름다운 그의 설명을 보라: "아름다운 여성의 화환처럼, 민중시의 모든 단락이 그와 유사한 형태로 존재한다."

계있는 설화들도 역시 마찬가지로 세 개의 판본으로 전해진다. 이 이야기들의 변형들은 거의 각각 서로에게서 독립적으로 전달되었다. 또한 많은 경우, 편집자의 손길을 거쳐서 J와 E의 변형 속에서 (혹은 J의 다양한 손길을 거친) 이야기가 우리에게 전달되었다. 이에 대한 주요한 실례를 바로 야곱 사화와 요셉 사화에서 찾을 수 있다. 때로는 전체 설화의 변형 내지는 개별 설화 모티브의 일부가 성서의 다른 책으로 전달되기도 한다. 야곱이 샘 곁에서 라헬을 알게 된 것과 같은 목가적인 이야기(29:1ff.)가 모세와 십보라에 관한 이야기에서도 보고된다(출 2:15ff.). 세겜에서 야곱이 상수리 나무 아래에 이방 신들을 떨쳐내는 내용(35:2ff.)이 여호수아에게서도 발견된다(수 24장). 요셉에 의해 이방 왕의 꿈이 해석되는 것(41장)도 다니엘에게서도 발견된다(단 2장). 연구자라면 그와 같이 두 번 반복되어 들려지는 사화나 자주 나타나는 모티브들에 대하여 우선적으로 관찰하는 것이 좋다. 그 다음에 그의 눈을 날카롭게 하여 이러한 확실한 발전의 노선을 발견하고 나서, 단 한 번만 보고된 설화들을 그것들과 서로 비교해보는 것이 좋다. 그렇다면, 이러한 설화들이 얼마나 다양한지 볼 수 있게 될 것이다. 거기서 우리는 가장 거친 것과 가장 유순한 것, 가장 음란한 것과 가장 초연한 것, 또한 그야말로 고대의 다신론 종교에 준하는 것을 보여주는 것과 가장 숭고한 형태의 신앙을 표현하는 것을 얻게 된다.

또한 설화의 역사는 개별 이야기들 그 자체에서도 식별된
다. 우리가 예리하게 살펴보면, 나지막하면서도 포괄적으로, 새
로운 의미의 개작을 확인한다. 즉, 고대 사화의 화자가 놓쳤던
새로운 사유를 덧붙인 추가 사항들이 있다(13:14ff., 18:17ff., 23ff.,
19:17ff., 21:11ff., 22:15ff. 등). 아주 드문 경우지만, 후대에 하나의 완전
한 전체 이야기가 전승에 추가되었다고 추정할 만한 것도 있다
(15장). 통상 그와 같은 추가는 상대적으로 덜 구체적이라는 점을
통해서 확인될 수 있다. 후대의 것은 이야기라기보다는 사유에
더 가깝다. 그러므로 그러한 추가들은 종종 대화로만 구성된다.
때때로 짧게 들려지는 "자투리 기록"이 있는데, 그것들은 민간
구전의 형태로, 특별히 지역 전승으로 존재했고(§3, 22), 후대의
화자들에 의해 세련되게 다듬어졌다. 이와 같은 기원을 가지는
것들로는, 아브라함의 이향 사화(Gunkel, 167), 리브가의 결혼 설화
(248), 그랄에서의 아비멜렉과의 언약에 관한 설화(305), 벧엘에
서의 야곱 설화(322), 또한 P에서의 사라의 장례에 관한 설화(273)
등이 있다. 야곱의 아들들의 출생 사화도 그와 동일하게 발생했
다(330). 아브라함과 롯의 분리에 대한 이야기는 고대 부족에 접
목된 것이다(176). E의 벧엘 사화의 두 번째 부분은 세겜과 벧엘
에 관한 온갖 잡다한 전승들을 모아놓은 것으로, 마치 전승이라
는 '조약돌'로 새로운 집을 건축하려는 시도로 보인다(378-79). 하
지만 분명한 것은, 이러한 충실한 화자들에게서 그러한 추가보

다 더 많은 것은, 불쾌감을 주는 것들을 없애려는 생략이다. 우리는 설화 곳곳에서 빈틈들을 발견한다(9:22, 12:17, 16:17; 참조, Gunkel, 192-93; 또한 헤브론 설화에서 두 번째 부분은 생략되었다; 참조, 197, 199). 때때로 너무 많은 것이 불쾌하게 느껴지거나 혹은 흥미를 끌지 않기도 해서, 어떤 설화들은 토르소가 되어버렸다. 그와 같은 것으로는 천사의 결혼 설화(6:1ff.)와 르우벤 설화(35:22)가 있다. 또 다른 경우에는 설화 등장 인물이 자신의 설화 없이 그저 이름만 전래되는 경우도 있다(인류의 최초의 조상들이었던, 나홀, 이스가, 밀가[11:29], 비골, 아훗삿[26:26], 그므엘과 브두엘[22:21-22], 그두라[?: 25:1, 4에 나타남—편주], 아다[4:19, 36:2], 그리고 가나안 여인의 아들 사울[46:10] 등). 거인 니므롯에 관한 설화에서 우리는 단지 속담 하나를 얻을 뿐이다. "[속담에 이르기를 아무개는] 야훼 앞에서 니므롯과 같은 '거인 사냥꾼'이로다"(10:9). 후르리인 아나에 대해서는 자투리 기록만 있다(36:24). 또 다른 예들에서 우리는 사화들이나 혹은 개별 특징들이 그 연결점을 상실하고 더 이상 제대로 이해될 수 없는 것들을 볼 수 있다. 화자들은 왜 비둘기에 노아에게 올리브 잎을 가져왔는지(8:11), 왜 유다가 다말에게 자신의 막내 아들을 주는 것을 겁냈는지(38:11) 모른다. 또한 이삭이 왜 한 번밖에 축복할 수밖에 없었는지(27:38), 왜 축복하기 전에 별미를 먹어야만 했는지(27:4) 등도 모른다. 따라서 전경의 색을 숨겨버리는 짙은 안개와 같은 것이 많은 설화를 덮고 있다. 우리는 종종 고대 설

화의 분위기를 어느 정도 복구할 수 있다고 생각하지만, 현재의
화자들은 더 이상 이러한 분위기를 느낄 수 없다.

모든 관찰을 통해 이러한 변화가 일어난 근거를 찾아야 하
며, 따라서 설화의 내적 역사가 서술되어야 한다. 이제 여기에
간단한 스케치를 제시해 본다.

5. 설화의 역사에서 가장 중요한 순간은, 후대에 설화들을
발생시킨 외부 조건들이 바뀌었을 때, 즉 이야기들이 어떤 특정
한 변화를 겪었을 때이다. 사람들은 당시의 실제 그랄 왕이 누
구였는지(20장, 26장) 잊어버리고, 대신에 그를 이집트의 왕으로
대체했다(12:10ff.). 혹은 블레셋 사람들이 그랄을 소유하고 있던
때, 고대 그랄 설화에 이 민족을 삽입함으로써, 이 사화의 가장
오래된 판본은 잊혀지게 되었다(21:22ff., 26장). 한때는 사나운 베
두인 아내의 전형이었던 하갈이라는 인물상(16장)은 후대의 전
승 속에서, 즉 사막에 대해 더 이상 잘 알지 못하던 때, 이러한
성격을 잘 나타내 보이던 색이 지워졌다(21장). 한때 목양에 능통
했던 야곱—청중에게 매력적이었고 그로 인해 널리 퍼졌던 —이
라반에게서 양치기로 살던 때에 관한 이야기는, 더 이상 그에
대한 흥미를 갖지 않던 독자를 위해 후대의 판본에서는 크게 단
축되었다(참조, Gunkel, 339-40). 또한 우리는 인간의 예술과 기술의
점진적인 출현에 관한 단편적인 이론만 갖고 있다(4:17ff.). 화자

가 선조들과 다른 생활 방식을 지녔다는 것은 대단히 중요한 의
미를 지닌다. 예컨대, 어떤 이들은 양치기였고, 또 어떤 이들은
농부였다. 이제 설화는 선조의 상을 대체적으로 양치기로 유지
하려 한다(본서 §4,2). 그럼에도 불구하고 비록 많진 않지만 농사
를 전제로 하는 몇몇 특징들도 침투했다(참조, Gunkel, 302, 334, 404,
414, 464; 후대의 축복의 말, 27:28, 49:11-12, 15, 20). 또한 양치기와 사냥꾼
의 경쟁에 대해서 이야기하는 고대 설화 속 27:15의 이삭의 '집'
도 그와 같다(참조, 15:3, 28:21, 33:17; 또한 하란의 부차적인 전승에 관한 모든
곳을 보라. Gunkel, 168, 248, 325). 많은 경우 설화의 고유한 속성은 원
래 이해되던 장소에서 멀어져버렸거나 혹은 다른 특색으로 대
체되었을 것이다. 이에 대한 가장 명확한 사례가 이후(본서 §4,6)
에 다룰 제의 설화에서 발생한다. 또한 많은 설화는 관심을 잃
게 된 후 사라지기도 했다. 추가적으로, 그러한 이야기에 강력
하게 자극을 받은 상상력은 거의 무의식적으로 계속 작용했을
것이다.

6. 우리에게 가장 중요한 것은 종교의 역사이다.[15] 우리가 이
미 살펴본 것처럼(본서 §4,2), 창세기의 신 개념은 놀라울 정도로

---

15. 또한 Haller의 Religion, Recht und Sitte in den Genesissagen (1905)
외에도 E. Zurhellen의 Theologische Arbeiten aus dem Rheinischen
Wissenschaftlichen Predigerverein N. F. X.를 참고하라.

다양하다. 예컨대, 우리는 창세기에서 신성한 지역 기운, 가족
신, 그리고 더 나아가 국가신 및 온 민족의 주를 나란히 볼 수
있다. 그러나 여기서, 이러한 이야기들의 이스라엘 외적 기원
및 이스라엘 이전 기원을 잊지 말아야 하며, 또한 가장 심오한
신 개념을 역사적 이스라엘의 가장 오래된 신앙이라고 선언하
지 않음으로써, 선사 시대의 상위의 신의 양상을 상당한 후대로
옮겨놓아야 한다. 그레스만은, 창세기의 종교를 단순히 이스라
엘의 종교라고 할 수 없다고 정확하게 지적한다. 예를 들면, 브
니엘 설화에 나타나는 신 개념을 역사적 이스라엘의 가장 오래
된 시기의 것으로 보아서는 안 되며, 오히려 이러한 이야기를
발명해낸 이스라엘 외부 집단이나 혹은 이스라엘 이전 집단에
속한 것으로 보아야 한다.[16] 그러므로 우리가 진짜 이스라엘적
인 것을 파악하고자 한다면, 설화 소재 그 자체가 아니라, 이스
라엘로부터 만들어진 것 혹은 이스라엘 안에서 경험된 역사에
주의를 기울여야 할 것이다. 이에 대한 주요한 관찰은, 이스라
엘이 설화 소재들 속에서 전승된 신 개념의 다양성을 이스라엘
의 '야훼'로 획일화 시켜 그 자체가 지닌 내적 다양성을 제거해
버렸다는 점이다. 어떻게 '야훼'로부터 신 개념이 발전했는지에
대해서는, 선사 시대의 가나안-바벨론 신들이 야훼로 압축될 수

---

16. ZAW XXX 24ff..

있었다는 사실에서 알 수 있다. 가장 옛 시대의 이스라엘이 이미 주장할 수 있었던 야훼는 전 지구에 홍수를 일으켰고 바벨에서 모든 민족을 흩은 존재다. 그러므로 가장 오래된 이스라엘 종교에 보편주의자적 사유가 이미 내재해 있었어야 한다. 그러나 더불어 이전 종교의 수준 낮은 사유가 완전히 잊혀진 것은 아니었다. 그렇지 않다면 고대 설화를 이어서 전승하기는커녕 완전히 파괴시켰을 것이다. 창세기는 어떻게 고등한 관념이 수준 낮은 소재들과 씨름하며 점차적으로 변화시켰는지 보여준다.

그처럼 우리는 많은 설화에서 유일신 신앙의 경향, 곧 이미 위에서 논했던(본서 §2,4, §4,5) 신화에 대한 거리낌을 관찰한다. 이러한 분위기는 이스라엘 안에서 점차적으로 영향을 미쳤다. 그러한 연유로 일련의 이야기들은 아주 희미하게 엷어지는 일이 발생했다. 더 오랜 입장을 취하고 시적 변형의 특징을 지닌 창조 신화에서 이러한 신화적 요소가 제거된 역사가 확인된다(참조, Gunkel, 121-22). 그리고 홍수 이야기는 가장 오래된 히브리 보고(J자료)에서도 이미 위와 동일한 이유로 희미해지기 시작한다. 이스라엘의 상당히 오랜 전통에 있어야만 했던 천사들의 결혼에 관한 설화(6:1ff.)는 현재 완전히 훼손되었다(Gunkel, 59). 히브리의 '티탄족'에 해당하는 '네피림'은 한 때 상당히 유명했지만(6:4), 우리는 그들의 이름을 하나도 모른다.

더 나아가 우리는, 오래된 설화들이 얼마나 순진하게 신의 지상 출현에 대해서 이야기하는지, 그러나 후대에는 얼마나 이것에 불편함을 느끼고 점점 신의 계시를 고상하게 만드는지 관찰할 수 있다. 우리는 설화에서 하나님 자신이 인간들 사이에 숨김없이 나타내셨음을 거의 듣지 못한다(현재 우리가 가진 것 중 그런 것에 속하는 것은 낙원 설화와 홍수 설화 정도다). 참으로 이스라엘다운 것은 신현에 신비의 장막을 두르는 것이다. 신은 인간에게 알려지지 않은 채 나타나거나(18장), 밤의 어두움 가운데서만 나타날 것이라는 믿음을 들려주곤 했다(19장). 그래서 신은 스스로를 계시하나 그의 본질은 여전히 감추어져 있다. 더 후대의 변형은 신을 하위의 신적 존재로 대체하는데, J는 그를 '야훼의 사자' 그리고 E는 그를 '하나님의 사자'라고 부른다. 그러나 이와 같은 개작이 모든 곳에서 발생하는 것은 아니다. 여전히 야훼의 모습 그 자체가 전제되어, 최신의 판본에서도 고대의 판본이 드러나는 경우들도 충분히 많다(참조, Gunkel, 187). 동일한 인상이, 지상에 나타난 하나님의 현현이 꿈 속의 계시로 바뀌는 장면(예, 20:3), 혹은 사자가 하늘에서 머문 채 바로 거기로부터 부족 조상들에게 말을 거는 장면에 나타난다(예, 21:17). 비몽사몽의 신비가 계시하는 신을 베일로 가리우거나 혹은 그로 인해 신을 전혀 보지 못한 채 단지 들을 수만 있게 한다. 이 발전의 마지막 고리는, 신을 더 이상 역사의 특정 시점에 등장시키지 않으며, 단지 최후

의 숨겨진 배경으로서 활동하게 한다. 예를 들면, 리브가 사화
나 요셉 사화에서 그러하다. 그와 같이 창세기에는 조야한 신화
에서부터 우리가 봐도 상당히 현대적으로 느껴지는 섭리 신앙
에 이르기까지 수많은 중간 단계가 있다. 그래서 브니엘 설화
(32:25ff.)가 그와 같은 고대의 형태를 유지한 채로 전승되었다는
것은 기적이나 다름없다. 여기서 야곱을 습격했던 하나님이 누
구였는지 불분명하게 남은 것은 참으로 다행스러운 일이다.

  우리는 계시의 점진적인 발전 가운데, 제의 장소와 신의 연
결이 어떻게 느슨해지는지도 관찰한다. 곧, 제의 설화들 속에서
본래 전제되던 하나님이 저 특정 장소들에 속해있으며 바로 그
곳에서만 영향력을 발휘할 수 있었다는 믿음은 창세기의 몇몇
신화에서는 더 이상 분명하게 드러나지 않는다. 오히려 이스라
엘의 이해 방식에 속하는 저 설화에 의하면, 저 장소들이 하나
님께 속하며 거룩하게 된 이유는 바로 그 장소에서 언젠가 고대
시절에 선조들에게 하나님이 나타나셨기 때문이라고 한다. 현
현한 신에게 먹을 것을 대접했던(18:8) 고대의 헤브론 설화는 더
이상 그 신을 나무에서 생겨난 존재로 이야기하지 않는다. 하갈
의 도주 사화에서 여성 선조는 우물가에서 하나님을 만난다
(16:7). 그러나 그 하나님이 도대체 우물과 무슨 관계를 갖고 있
는지는 명확하게 드러나지 않는다. 이러한 발전이 얼마나 오래
되었는지는, 벧엘 사화에서도 볼 수 있다. 가장 오래된 종교는,

저 거룩한 돌, 벧-엘(하나님의 집)이라는 이름이 보여주듯이, 돌에서도 하나님을 찾으려 한다. 그러나 이 설화의 이스라엘 판본은 하나님이 하늘 높은 곳의 벧엘에 거주하며, 사다리가 하나님의 실제 거주지와 그의 상징을 매개한다고 주장했다. 그러나 하늘 사다리에 대한 본래의 신화적 관점에서 알아차릴 수 있듯이, 하나님의 천상의 집에 대한 신앙은 상당한 옛 시대로 거슬러 올라간다(참조, Gunkel, 322).

많은 제의 설화들이 우리에게 매우 희석된 상태로 전달되었다. 곧, 이스마엘 사화(두 개의 판본: 16장, 21장), 헤브론 설화(18장), 마하나임 설화(32:1ff.), 브니엘 설화(32:25ff.) 등에서 신들이 활동하던 장소들이 예배 장소라는 이야기를 더 이상 듣지 못한다. 한때 제의 설화였던 이삭의 희생제사에 관한 설화(22장)는, 전해받은 판본에서 더 이상 병인론적 관점을 지니지 않고 단지 인물 성품을 묘사할 뿐이다. 한때 희생제사 행위였던 벧엘의 돌에 기름을 바르는 것은(28:18) 이제는 일종의 헌정의례(Weiheritus)로 보인다. 한때는 신성한 돌이자 신의 상징이었던 맛세바(Masseben, '돌기둥')는 이제 단순한 기념비석 내지는 묘비석이 된다(참조, Gunkel, 320, 352, 381). 아마도 어느 한 여신의 좌소였을[17] 막벨라 굴은 우리가 가진 이야기 속에서는 단지 여성 선조의 무덤 자리가 된다(참조,

---

17. Greßmann, ZAW XXX 6.

Gunkel, 274). 이같은 성소 설화들에서 희미해지는 경향으로부터 알 수 있는 것은, 성소가 어떤 민족의 특정 집단 내에서는 최우 선적인 종교적 관심사로부터 멀어지고 있다는 것이다. 성소와 종교 사이의 연결은, 그러한 연결을 절단시키려는 예언자들의 열정적인 쟁론이 있기 전부터 느슨해진 상태였다. 그렇지 않다 면 유다 백성이 어떻게 '신명기적 개혁', 곧 예루살렘의 왕의 성 전을 제외한 모든 성소의 파괴(왕하 23장)의 명령을 받아들일 수 있었겠는가!

창세기는 또한 신과 인간의 관계에 대한 다양한 진술을 제 공한다. 특별히 고대 형태를 유지하는 설화들에서, 하나님의 행 하심과 관련하여 사람의 도덕적 혹은 종교적 태도에 대한 사유 는 전혀 고려되지 않는다. 하나님은 자신을 벧엘에서 야곱에게 계시한다. 왜냐하면 야곱이 벧엘에 왔기 때문이다. 그와 마찬가 지로 그 신적인 존재는 별다른 이유 없이 브니엘에서 야곱을 습 격한다. 하나님은 아벨의 희생제사를 기쁘게 받으신다. 왜냐하 면 하나님은 아벨과 같은 양치기를 사랑하기 때문이다. 또한 하 나님은 하갈의 완고한 고집을 좋게 여긴다(16장). 하나님은 이집 트의 아브라함을 보호하며 그 족장의 거짓말을 선한 방향으로 인도한다. 야곱은 거짓말과 속임수로 이삭의 축복을 얻어낸다. 족장들과 다른 사람들 간의 갈등이 생겨날 때 하나님은 자신이 좋아하는 편이 부당할지라도 그의 편을 든다. 예컨대, 아비멜렉

앞의 아브라함(20:7)의 경우가 그러하다. 혹은 다소 애매하긴 하지만, 야곱 곁의 라반의 경우(30:25ff.)가 그러하다.

그와 나란히, 더 높은 수준의 설화들도 있는데, 거기서 하나님은 인간의 의로움에 따라 자신의 은총을 베푼다. 곧, 하나님은 무법한 소돔을 멸망시켰으나, 롯은 환대로 말미암아 해를 입지 않는다. 그리고 하나님은 오난의 사랑없음으로 인해 죽이시고(38:9-10), 형제를 살인한 가인을 자신 앞에서 쫓아내신다. 또한 요셉은 자신의 순결과 아량으로 인해서 하나님의 도움을 받을 자격을 얻었다. 또 하나님은 아브라함이 낯선 사람들에게 베푼 친절을 보시고 그에게 아들을 선물로 주셨다(18장). 이러한 설화들은 철저하게 후대의 도덕적으로 민감하던 시대에 속한다. 그러나 이것들은 이스라엘 안에서 고대의 것이 된다. 하나님은 의로운 자의 행복을 바라시나, 무법한 자는 그의 무법함에 맞게 갚으신다는 믿음은 분명히 옛부터 전해져오던 이스라엘 종교에 친숙하던 것이었다(예, 삼하 3:39, 24:20 참고). 더 넓게 보면, 하나님이 고통 당하고 절망에 빠진 자들을 불쌍히 여기신다고 이야기하는 또 다른 군이 여기에 포함될 수 있을 것이다. 하나님은 무시당한 아내를 돌보신다(29:31). 하나님은 화평케 하는 자에게 보상을 베푸신다(13:14ff.). 하나님은 무죄한 요셉을 감옥으로부터 이끌어내신다. 그와 같은 하나님의 생각은 특별히 하갈이 거부 당하는 설화에서 효과적으로 표현된다(21장). 그리고 제3의 유형에 속하는 설화들은, 하나님의 은총을 어떻게 얻는지에 대해서 강조한다. 신앙이란 순종, 흔들리지 않는 신뢰이며, 하나님은 이 것을 의로움으로 여기신다. 노아는 하나님의 명령에 따라 마른 땅 위에 배를 건조했다(참조, Gunkel, 61). 아브라함은 안전한 고향 을 떠나 하나님의 말씀을 따라 낯선 곳으로 이동했다. 아브라함 은 자신이, 아직 자신에게 아들 한 명도 없지만, 한 민족을 이루 게 될 것이라는 하나님의 약속을 신뢰했다(15장)! 리브가 중매에 관한 설화(24장)는 어떻게 하면 하나님에 대한 확고한 신뢰가 그 분의 보상을 얻게 하는지를 보여준다. 이삭의 희생제사에 관한 설화(22장)에서, 하나님이 명령하실 때면 가장 끔찍하고 가장 두 려운 것에도 복종하는 경건한 자의 놀라운 성품이 묘사된다. 야 곱의 저 유명한 기도(32:10-13)는, 스스로를 감히 하나님의 은총을 받을 자격이 없다고 여기는, 그러한 경건한 자의 겸손한 감사를 그린다. 이와 같은 신앙에 대해서 이야기하는 이야기들 혹은 단 락들은 창세기 종교의 정점을 보여준다. 그것들은 창세기가 부 여하는 가장 높은 가치를 지니는 것으로 오늘날의 경건에도 적 용될 수 있다. 그러나 이 모든 것은 후대에 형성된 것이라는 점 에는 의심의 여지가 없다. 이러한 판단이 옳다는 것을 또한 이 내용 대다수에 대한 또 다른 근거를 통해서 증명할 수 있다. 곧, 바벨론의 홍수 판본은 영웅의 신앙 검증에 대해서 아무것도 알 지 못한다. 야곱의 기도는 문맥상 이차적이며(참조, Gunkel, 356-57),

이 진심어린 기도는 약삭빠른 그의 다른 행동들과 너무도 비교되며, 신과 주먹다짐하는 야곱에 관한 다른 설화와는 또 얼마나 차이가 나는가! 또한 아브라함의 이향에 관한 사화는 오래된 '자투리 기록'에 대한 후대의 해설이며(§4,4) 하나님의 언약 체결(15장)은 고대 전통에는 전혀 없는, 새롭게 형성된 것이다! 따라서 우리는 여기서 하나님에 관한 조야한 사유부터 숭고한 사유에까지 이르는 하나의 선을 볼 수 있다. 즉, 저 고등 종교가 이스라엘의 정신을 위하여 씨름한 그 투쟁이 창세기에 반영된다. 그러나 어찌되었건 "조상 설화 속 야훼 신앙의 가장 조야한 형태가 다른 종교들보다 훨씬 도덕적으로 고상하다. 다른 종교들의 신들은, 그 시대의 인간들이 요구하는 윤리 전부를 뻔뻔한 방식으로 물리치게 만든다."[18]

게다가 조상 설화들은, 고대 이스라엘이 하나님과 이스라엘 민족의 관계만 알았다고 믿는 것이 오류임을 가르쳐 준다. 오히려 도처에서 하나님은 개개인의 인간들과 관계 맺고 있음이 언급된다. 부분적으로는 민족 유형을 나타내는 개별 인물들이 있긴하나, 그 설화는 저들을 정말로 개개인으로 파악하며, 다양한 방식을 통해 개개인에 대한 하나님의 태도 안에서, 하나님이 개인을 대하는 것과 관련한 당시의 신앙이 어떠했는지를 묘사한

---

18. Haller, 위 인용문 42.

다. 만약 이를 오해하게 된다면, 이런 유형의 이야기들이 지닌
매력을 완전히 놓치게 될 것이다. 헤브론 설화(18장)는 고대의 청
중들에게 상당히 재미있었을 것이다. 왜냐하면 그것은 하나님
이 얼마나 손님 접대(또한 청중들의 접대까지도!)를 후하게 갚으셨는
지 들려주기 때문이다. 그리고 하나님이 울고 있는 소년 이스마
엘의 목소리를 어떻게 들으셨는지 들려주는 이야기(21:8ff.)는 참
으로 감동적이다. 왜냐하면 그 이야기 속에서 하나님은 한 명의
자녀를 불쌍히 여기기 때문이다. 그리고 이 하나님은 동일하게
우리의 자녀의 울음도 들으실 것이다!

우리는 고대의 사화들이 명백하게 별다른 불쾌감을 전혀 느
끼지 않으면서 세속적인 동기와 종교적인 동기를 아무런 무리
없이 뒤섞었다는 사실에서, 또 다른 발전 노선을 인지하게 된
다. 예를 들면, 이집트에서의 아브라함에 관한 설화(12:10ff.)는 남
자 조상의 영리함, 여자 조상의 아름다움, 하나님의 신실하심을
찬양한다. 홍수 설화는 노아의 경건함 뿐만 아니라 그의 영리함
도 칭송한다(새를 파송할 때의 단락; 참조, Gunkel, 64). 하갈의 도주 설화
(16장)는 아브라함의 집안의 상태와 하나님의 도우심을 상당히
실감나게 들려준다. 그러므로 이러한 설화들은 세속적인 것과
영적인 것이 서로에게 선입견이 없던 시절, 이스라엘의 남자들
이 하나님과 민족 영웅을 위해 함께 싸우던 시절("야훼와 기드온의
칼이여", 삿 7:20), 경건과 유머가 호환되던 시절에 발생한 것이다.

우스꽝스러운 건달이지만 동시에 하나님의 나실인 삼손이나 이집트에서의 아브라함에 관한 설화의 유머를 떠올려보라(Gunkel, 172-73). 이제는 특별히 후대 설화의 변형들에서(20장, 26장. 또한 255-56), 후대의 시대는 이러한 세속적인 모티브와 종교적인 모티브의 혼합을 용납하지 않음을 보게 된다. 최소한 여기에는 하나님과 인간의 세속적인 속성을 동시에 찬양함에 대한 강한 불쾌감이 있다. 그렇기에 이 시대는 참된 의미의 '영적인 것', 즉 오직 하나님 그리고 오직 경건함만 다루는 내용을 만들었고, 그 안에서 세속적인 모티브들은 퇴출되었다. 아브라함의 이향 설화(12장), 언약 체결 설화(15장), 이삭의 희생제사 설화(22장) 등이 여기에 속한다. 여기서 한 때 '전설'이라는 개념에 속했던 민간 설화는 '영적' 이야기가 된다.

또한 더 오래전 시절에는, 아브라함과 롯의 결별에 관한 설화(13장)나 야곱과 라반에 관한 설화와 같이 순전히 세속적인 조상 설화들도 있었다. 그러나 이와 같은 세속적인 설화들은 아주 심각하게 후퇴한다. 또한 후대의 전승을 통해 여기에 여러가지 종교적인 내용들이 첨가되었다. 예를 들면, 가나안이 아브라함에 속한 이유는 롯이 원치 않았을 뿐만 아니라, 하나님 자신이 롯이 떠난 후에 아브라함에게 그 땅을 약속하신 것이라고 덧붙이는 식이다(13:14-17). 그리고 단순히 야곱은 라반에게서 탈출했다고 말하는 것보다는, 하나님이 그에게 이러한 계획을 주셨다는 내용을 삽입하기도 했다(31:3). 창세기의 전체적인 인상을 다른 거대한 민간 설화, 예를 들어 호메로스의 서사시나 니벨룽의 노래와 같은 것들과 비교해 본다면, 창세기에서 종교적인 사유의 독특한 강세를 분명히 볼 수 있다.[19] 혹자는 고대 이스라엘 그 자체가 그 옛 시절부터 '영적'이었는지 아닌지 의심할 수도 있다. 그러나 아마도 우리에게 민간 설화들을 넘겨준 특정한 '영적' 집단은 있었을 것이다(참조, §5, 3).[20]

7. 또한 설화들에서 도덕의 역사도 읽어낼 수 있다. 많은 조상 설화는 조상의 모습을 통해 즐거움을 주고자 한다. 우리가 느끼기에는 불쾌감을 느낄 수도 있는 조상들의 모습들이, 이 이야기가 처음으로 들려지던 당시에는, 우려스러운 것이 전혀 아니라 오히려 재미있게 즐기거나 감격할 만한 것이었다. 또한 설화들에서 도덕의 역사도 읽어낼 수 있다. 많은 조상 설화는 조상의 모습에서 즐거움을 느낀다(집회서 44:19, "아무도 아브라함의 명예에서 흠을 찾을 수 없었다"). 고대 민족은 베냐민의 저 강도 같은 삶(49:27), 하갈의 거만한 마음(참조, Gunkel, 192), 다말(415ff.)과 직접 남

---

19. Haller, 위 인용문 19, 158.
20. 불교의 영향을 받은 고대 인도 이야기의 '영성화'(Vergeistlichung)는 궁극적으로 전체 이야기를 "정화하고 도덕적으로 감화"하는데, 이에 대한 실례는 Arthur Bonus, Zur Biologie des Märchens (Preuß. Jahrb. CXIX, 1905) 260ff.에서 제공된다.

자의 씨를 받아낸 롯의 딸들의 겁 없음(218)을, 그리고 이집트에서 아브라함의 교활한 거짓말(참조, 170)을, 자신의 왕에게 그의 형제들을 양치기로 소개하는 요셉의 약삭빠름(참조, 464-65; 47:1ff.)을, 자신의 아버지를 깜빡 속아넘긴 라헬의 거짓말을(참조, 348; 31:34), 그리고 무엇보다 사기꾼 야곱의 권모술수(참조, Gunkel, 298-99, 307-8, 310, 337, 366)를 즐겼다. 여기서 우리는 조상 설화에서 책략과 속임이 어떤 역할을 했는지, 그리고 저 고대에 그것들을 얼마나 즐겼는지 그리고 그것이 얼마나 특징적인 것인지 무시할 수 없다. 우리는 수많은 실례에서, 어떻게 후대의 전승이 이러한 많은 이야기에서 불쾌감을 느꼈는지, 그리고 또한 그것들을 재해석 내지는 재형성하고, 가급적 미심쩍은 것들을 치워버리려 노력했는지 볼 수 있다. 이는 선조의 아내의 위험을 다루는 설화의 변형에서 가장 명확하게 드러난다. 여기서 후대에 심각하게 불편한 것으로 여겨진 전체 이야기가 재형성되는데, 예를 들면, 아브라함의 거짓말은 심리 유보로 바뀌며(20:12), 사라와 맞바꾸어 얻은 수치스러운 선물이 명예로운 것으로 재해석되며(20:16), 마지막으로 그의 풍요는 야훼의 축복으로 인한 것이 된다(26:12ff.). 그와 같이 아브라함의 추방(12:20)도 정반대로 바뀐다(참조, Gunkel, 225; 20:15). 하나님이 16장의 거만한 하갈을 긍휼히 여기는 것에 대하여 불쾌감이 들지 않도록 21:8 이하에서 그녀는 불행하지만 인내하는 여성이 된다(참조, Gunkel, 232). 아브라함

이 하갈을 대하는 태도에 대해서도, 하나님이 그녀를 내쫓으라
는 명령을 덧붙임으로써 해명하려고 한다(21:11ff.). 특별히 야곱
이 라반을 대하는 태도를 라반의 부정직에 대한 야곱의 질책으
로 순화하려는 노력도 있다. 즉, 몇몇의 긴 대화를 통해서 화자
는 야곱에게 음흉한 면모가 없음을 증명하려고 한다. 야곱의 아
내들 그리고 결국에는 라반 자신도 야곱의 정당한 권리를 인정
해야만 한다(31:4ff., 36ff.). 또한 사람에게는 거리낄 만한 것을 하
나님의 간섭으로 바꾸어 놓음으로써 문제를 해결한다. 하나님
이 야곱에게 호의를 베푸심으로써 그의 양떼가 많아지게 하신
다(31:7; 참조, Gunkel, 342). 다말 사화에서 화자는 다소 차분하게 개
입한다. 그러나 여기서도 화자는 유다를 결백하게 만들려고 최
선을 다했다. 즉, 화자는 유다가 자신의 아내가 죽었을 때 신전
창녀에게로 갔음을 강조한다(참조, Gunkel, 414). 또한 후대의 사람
에게 불쾌감을 주는 롯의 딸들에 관한 사화에서도 최소한 롯에
게만은 피해가 가지 않게 했다. 즉, 롯은 자신의 딸들에게 속았
던 것이다(참조, Gunkel, 219).

고대는 분명히 조상들에게서 즐거움을 발견했으나, 그들을
성자로 여긴 것은 아니었고, 비록 그들에 관해서 무해한 것처럼
말했으나, 당연히 모범으로 보지도 않았다. 몇몇 고대 이야기들
은 본연 그대로의 모습을 지니고 있다. 그것들은 조상들을, 실
제 사람인 것처럼, 고대의 민족성의 유형들로 묘사한다. 신앙,

평화, 의를 통하여 가장 이상적으로 구현된 아브라함에게서도
우리는 다소 이상적이지 못한 모습, 그러나 그야말로 참으로 인
간적인 모습을 들을 수 있다. 하갈의 도주에 관한 사화(16장)는
아브라함의 집에 속한 사람들을 묘사한다. 사라는 질투심 많은
아내이고, 하갈은 오만한 여종이고, 아브라함은 우유부단한 남
편이다. 후대의 '영적'으로 민감한 시대는 그와 같은 것을 견딜
수 없었다. 따라서 이 시대는 언제나 조상에게서 경건함의 유형
을, 즉 당대가 보유하던 표준에 맞는 숭고하고 섬세한 종류의
경건함을 보고자 했다. 그로 인해서 조상들의 상에는 그에 상응
하는 불협화음이 발생했다. 자신의 아들인 이스마엘을 불행에
빠지게 한 아브라함(21:14), 주저없이 사라를 이방 왕에게 넘겨주
고 대신에 선물을 잔뜩 받아온 바로 그 아브라함(12:10ff.)이 모든
시대를 통틀어서 신앙의 가장 숭고한 모범이 된 것이다! 게다가
저 교활한 야곱이 그토록 훌륭한 신앙의 기도를 한다(32:10ff.)! 만
약 우리가 이러한 서로 다른 음색이 서로 다른 시대에 발생했기
때문임을 인지한다면, 이러한 불협화음을 해소하고 불쾌한 의
혹으로부터 이 설화들을 해방시킬 수 있을 것이다.

또한 고대는 아무런 거리낌 없이 이방인의 권리를 조상들에
게 넘겨주었다. 파라오의 권리는 아브라함에게로(12:18-19), 에서
의 권리는 야곱에게로(27:36) 넘어갔다. 물론 어떤 조상들의 권리
는 박탈당하기도 했다. 예로서, 시므온, 레위, 르우벤은 선조에

게 저주를 듣는다(49:3-7)! 당대의 이스라엘의 민족주의는 매우 건강해서 그러한 것들에 불쾌감을 느끼지 않았다. 그러나 후대는 '하나님의 민족'에 대한 과도하고 편파적인 숭배로 인해 과거 조상들이 불의할 수도 있었다는 것을 견디지 못했다. 예를 들면, 아브라함이 아비멜렉에 대하여 전적으로 잘못한 것이 아님을 보여주기 위한 화자의 노력을 확인할 수 있다(E자료, 20:11-13의 대화; 참조, Gunkel, 223). 동일한 이유로 조상들을 수치스럽게 보고하지 않기 위해, 르우벤의 저주에 관한 사화는 극히 일부만 전승되었고(35:21-22), 시므온과 레위에 관한 설화(34장)는 여러 번 수정의 시도가 이루어졌다. 처음에는 그들에 대한 변명거리를 찾았다. 곧, 그들은 여동생의 명예를 지키려 했다(J자료). 마침내 그들은 정당화되고 세겜에 대한 배신은 당연한 것이 되었다. 그리고 여기서 하나님은 결국 그들의 편을 들어주었음이 분명하다(E자료; 참조, Gunkel, 373). 그러한 개작이 항상 발견될 수는 없다. 간혹 그런 것들이 우리 눈에는 상황을 개선시키기보다는 악화시키는 것처럼 보이기도 한다. 예를 들면, 고대 민족은 아브라함이 자신의 아내를 누이라고 거짓말하는 것(12:12-13)을 약삭빠름으로 보고 재미있게 느꼈는데, 그것은 우리가 조금 더 견딜 만한, 마치 예수회의 결의론 같은 심리 유보(20:12)로 대체되었다. 어쨌든 창세기에서 분명하게 발견되는, 그 도덕 판단의 점진적인 개선의 재미를 놓쳐선 안 된다.

8. 이 설화들에서 알아차릴 수 있는 미적 감각의 역사에 관해서는 이미 앞서 다룬 바 있다(§3). 여기서는 몇 가지만 덧붙이고자 한다. 화자의 눈에 재미있어 보이는 중심 모티브들을 살펴보면 고대인의 심성을 깊게 살펴볼 수 있다. 그러나 그것이 여기서 다루어질 수는 없다.[21] 단지, 살인과 전쟁에 관한 이야기가 적다는 것 정도만 간단히 상기시켜줄 수 있다(참조, §4,2). 그런 점에서 창세기의 설화들은, 전투와 전쟁을 다루는, 그래서 남자들의 삶, 남자들에 관해서 이야기하는 고대 게르만 설화들과 다르다. 그에 비해 창세기는 평화로운 직업들, 가정적인 일들, 특별히 아이가 태어나는 이야기를 들려준다. 먹는 것과 마시는 것도 큰 역할을 한다. 양치기와 농부의 삶에 대해서 화자들은 잘 알고 있고, 그렇기에 그것들은, 정치적인 것이라기보다는 대중적이고 순진한 내용과 관련된 우리의 '고고학'의 주요 자료이기도 하다.

조상 설화에서 드러나는 행복한 낙천주의도 특징적이다. "최대한 위험한 상황은 기피되고, 모든 위기 상황은 간단하고 즉각적으로 해결된다"(12:17ff.. 21:17ff., 22:11ff., 38:25ff., 41:1ff.).[22] 야훼

---

21. Holzinger, Hexateuch 123ff.에 이에 관한 몇몇 사례가 있으나 야훼 신앙인의 묘사에 관한 경우만 있다.

22. Haller, 위 인용문 39-40.

자신이 또한 언제나 은혜로운 보호자이자 조력자이다. 그로 인해서 설화는, 사람들이 '가부장적'이라 부르길 선호하는, '목가적인' 색채를 띈다. 진지한 신 개념은 특별히 기원 사화에서 울려퍼진다. 그러나 여기서도 이교도적이고 음침한 분위기는 하나님의 심판의 의로우심과 하나님의 은총에 대한 사유를 통해서 차단 내지는 완화된다. 즉 하나님은 의인에게 간섭하시며 죄인에게도 동정을 베푸신다.

어떤 고대의 설화들은 그야말로 노골적이다. 오만한 하갈에 관한 설화(16장), 청중은 만족했을 야곱이 눈 먼 아버지를 속이는(27장), 혹은 라반의 재치있는 딸이 자신의 아버지를 속이는 지나칠 정도로 노골적인 방식(31:33ff.)을 떠올려보라. 그러한 이야기들을 즐기려면 매우 거친 세대여야만 했을 것이다. 그와는 완전히 다른 후대의 이야기들은, 눈물을 쏟게 하는 것들로서, 하갈이 거절당하는 설화(21장), 이삭의 희생제사 설화(22장), 특별히 요셉 설화가 이에 해당한다. 즉, 감동적인 것과 눈물 흘리는 것을 좋아하는 새로운 세대가 여기서 드러나고 있다. 이는 또한 고대와 후대를 구별시켜주는데, 전자는 주변 환경에서 널리 알려졌던 것들을 즐겼던 반면, 후자는 설화의 무대를 먼 곳으로 옮기고 외국 관습에 대한 묘사를 단순화함으로써(요셉 설화) 그 이야기들에 낯선 매력을 주입하려고 한다. 이에 대해서 고대 설화가 인물들을 어떻게 다루는지를 통해서 비교해볼 수 있다. 곧, 모든 아내는 예외없이 여종의 파렴치함에 분개하며(16:5), 모든 좋은 형제는 예외없이 자신의 누이의 수치에 복수할 것이다(34:7). 그러나 후대의 예술은 이러한 당연함으로부터 이탈한다. 예를 들면, 모든 관습을 무시하고 리브가가 신랑 될 사람의 집으로 가게 되는 것이나(24:61ff.), 또한 죽어가는 야곱이 바닥이 아니라 침대에서 경배하는 모습(47:31)을 생각해보라.

9. 따라서 우리는 이야기들이 오래된 것인지 새로운 것인지 측정할 수 있는 표준들을 많이 갖고 있다. 때로 우리는 관련되는 설화의 이전 역사 전체를 추적할 수 있는데, 16장의 하갈 설화에서는 먼저 엘이, 그 다음에 야훼 자신이 등장하며, 그리고 나서 현현하신 하나님의 사자가 등장한다(Gunkel, 187ff.). 때로는 다양한 근거로 어느 설화는 새롭거나 오래됐다는 결론을 내릴 수 있다. 예를 들면, 이집트의 아브라함에 관한 설화(12장)는 다양한 이유로 늙은 것으로 판단할 수 있다. 아브라함 설화는 우선 매우 짧고, 고대 지역의 색채를 띄고 있으며, 인물을 이상적으로 그리려 하지 않는다. 요셉 설화는 그와 반대로 많은 사례를 살펴볼 때 젊다고 할 수 있다. 요셉 설화에는 후대의, 즉 상세히 서술하는 문체를 지니고 있으며 병인론적 특색이 거의 없는 반면에 섭리 신앙을 포함하고 있기 때문이다. 그러나 여러가지 고려사항들이 교차하는 경우가 많다. 그래서 어떤 설화는 늙음

과 젊음이 뒤섞여있다. 예를 들면, 15장의 이야기는 갈등 구조가 없기 때문에 상대적으로 젊다고 할 수 있다. 그러나 불과 연기 속에서의 신현은 분명히 고대의 표상이다. 몇몇 경우 그러한 발전들이 깔끔하게 완료되지 않았기에, 늙은 것들이 긴 시간 동안 우위를 점했다. 따라서 이러한 설화의 역사를 단순히 직선적으로 볼 것이 아니라, 알록달록하고 변화무쌍한 것으로 여기는 것이 더 낫다. 만약 이러한 변화들의 전체 역사를 조망한다면, 우리는 전체 과정의 어떤 작은 부분들은 놓칠 수밖에 없다고 말해야 할 것이다. 이러한 변화들은 오랜 기간에 걸쳐 진행되었으며, 우리의 자료에 아무런 통찰력도 제공하지 않는 시기에도 이루어지고 있었을 것이다. 이는 설화들의 원래 의미를 너무 성급히 결정하기를 원하는 우리에게 경고가 된다.

10. 그리고 만약 우리가 우리가 가진 자료에서 모든 개별 설화의 원래의 의미를 말하는 것이 거의 불가능하다면, 조상 설화의 인물들이 원래 누구였는지에 대한 질문에만 매우 조심스럽게 접근해볼 수 있을 것이다. 그들 중 일부는 민족, 부족, 도시의 원래 이름이다. 예를 들면, 가인, 셈, 함, 야벳, 가나안, 이스마엘, 암몬, 모압, 세겜, 하몰 및 이스라엘의 부족들이다. 물론 이스라엘과 에돔이 민족명이지만, 고대 설화는 이 이름들을 사용하지 않고 대신에 야곱과 에서를 말하는 것은 괄목할 만하다. 말하자

면, '이스라엘'과 '에돔'은 본래의 설화 등장 인물이 아니다. 투트모세 III(기원전 1500년경)의 어느 한 비문에 히브리 야콥엘(Ja'qob'el)에 상응하는 이크발(J'qb'ar)이라는 지명이 언급된다(히브리어의 l 발음은 이집트어 r 발음과 같다). 야콥-엘이라는 이름은 야곱과 관계가 있으며, 입다-엘(Jiphtah-el)은 입다(Jiphtah)와, 얍느-엘(Jabn-el)은 야브네(Jabne)와 관련이 있을 것이다(또한 이스라엘, 이스마엘, 여라무엘, 이스르엘을 부족명 및 지명과 비교해보라).[23] 그러나 야곱이라는 성서의 인물상은 실제로는 가나안의 '야콥-엘'로 거슬러 올라갈 것이라는 결론은 너무 성급하다. 왜냐하면 함무라비 시대 남부 아라비아인 및 서부 셈족 이름들 중에도 '엘'을 붙인 비슷한 이름들이 많이 있었고(야쿱-엘[Jahqub-el], 야쿠붐[Jaqubum]과 같은 인명이 있다),[24] 더 나아가 창세기의 야곱 설화의 뼈대는 가나안과 관계가 없기 때문이다. 아세르(Aser)는 일부 학자들에 의해서 세티 I와 람세스 II의 비문들(기원전 1,400년경)에 나타나는 시리아의 배경을 가진 이름 이스루('J-s-rw)와 동일시된다.[25] 그와 마찬가지로 요셉은 투트모스 III에 의해 언급된 가나안의 도시 이름 이슈프르(Jšp'r)와 동일시된다.[26] 그러나 아브라함, 이삭 및 기타 모든 선조

---

23. Ed. Meyer, Israeliten 281-82.

24. 참조, Greßmann, ZAW XXX 6의 Ranke.

25. W. Max Müller, Asien und Europa 236ff., Ed. Meyer, Israeliten 540; 반대 논증은 Sethe, GGA 1904, 935-36, Eerdmans, Alttest. Studien II 65ff.

26. 그러나 이러한 방정식은 의심스럽다. Ed. Meyer, Israeliten 292.

의 아내들의 이름들은 부족명이 전혀 아니라는 점에 유의해야
한다. 더 나아가 몇몇 인물들이 민족들의 이름을 지니고 있다고
해서, 그들에 관하여 이야기하는 것들 대다수 혹은 그들의 인물
상이 민족의 운명을 설명하는 것이라고 말하면 안 된다. 그러한
민족 영웅에 관하여 보고된 많은 것이 실상은 나중에 그에게 덧
붙여진 것일 수 있기 때문이다. 예를 들면, 요셉의 경우 이것은
아주 명백하다(참조, 본서 §2,4, §2,8). 따라서 창세기의 인물들을 민
족으로 파악하는 것은 만능열쇠가 아니다.[27]

몇몇 경우 그들이 이전에 신이었다는 해석이 있다. 그들 중
일부 인물은 본래는 신이었을 가능성이 있다. 예를 들어, 잘 알
려진 바와 같이 가드(Gad)는 행운의 신의 이름이지만, 동시에 인
물의 이름으로 나타난다는 점을 주목할 필요가 있다.[28] 또한 '오
벧-에돔', 즉 '에돔의 하인'이라는 이름은 어쩌면 에돔의 신과
연결지을 수 있을지도 모른다(Ed. Meyer, Israeliten 298 A. 1; Wellhausen,
Composition³ 45 A. 1). 에돔의 혈족의 이름 중 하나인 여우스(36:5)는
아라비아 신의 이름 야구스(Jaghuth)이다. 사바인의 신 가이난(Qa-
inan)도 입증된다(Ed. Meyer, Israeliten 397). 신의 이름과 정치적 연맹
을 합친 '앗수르'는 민족의 이름이자 동시에 신의 이름이 되는
전형적인 실례이다(참조, Ed. Meyer, Israeliten 296ff.). 또한 하나님의 이

---

27. Ed. Meyer, Israeliten 250.
28. Ed. Meyer, 위 인용문, 533.

름을 셀라(Selah, 셀라의 아들을 뜻하는 므두셀라. Gunkel, 156), 르우(르우엘이라는 이름과 비교. Gunkel, 156 각주를 참고),[29] 나홀(아람의 신 나하르에서도 확인되는 이름, Gunkel, 156), 데라(아마도 북시리아의 신 타르후, Gunkel, 156), 하란('하란의 신전'을 뜻하는 벧하란과 비교. Gunkel, 158) 등에서도 추측해볼 수 있다. '사라'(Sara)와 '밀가'(Milka)는 우리가 이미 알듯, 하란의 여신들의 이름으로 알려져있으며 성서의 사라와 밀가라는 인물과 또한 연결될 수 있다. 그리고 라반의 경우, 아마도 그 이름이 레바나(lebana, 달) 신을 상기시켜 줄 수 있는 듯하다(Gunkel, 163). 심지어 요셉이 고대 가나안의 신의 이름은 아닌지 질문해볼 수도 있다.[30] 예나 지금이나, 사람들은 아브라함, 이삭, 야곱도 본래는 신이었다는 식으로 설명하려는 시도들이 항상 있었다.[31] 그러나 이사야 51:1-2, 63:16, 65:4 그리고 예레미야 31:15는, 마치 그 당시에도 여전히 헤브론에서 조상 공경 제의가 존재하듯이, 족장들 곧 아브라함, 이삭, 사라, 라헬 등에 대한 조상 공경 제의를 암시하는 듯 보인다. 물론 과거 어떤 신적인 존재의 자리에 이스라엘의 인물이 그 자리를 차지했을 가능성이 있다(Gunkel, 274).[32] 어드만스(Eerdmans, Alttest. Studien II 7)는 오늘날에도 무슬림

---

29. Ed. Meyer, Israeliten에 의하면 Re'u'el은 '하나님의 친구'이다.
30. 그러나 이 추측은 상당히 의심스럽다.
31. 마지막이 바로 Ed. Meyer, Israeliten이다.
32. Greßmann, ZAW XXX 6.

동방에는 역사적 인물의 무덤이 성지로 숭배되고 있다고 지적
한다. 그러나 제의 이름, "파하드-이사크"(31:42)는 '이삭의 경외
하는 이'일 뿐, 이삭이라는 어떤 신을 암시한다는 증거는 없다.
"나의 아버지의 하나님"과 명백하게 평행을 이루는 신명은, '이
삭'이 아니라 '이삭의 경외하는 이' 즉, 이삭이 두려워하는 하나
님으로, '이스라엘이 거룩하게 여기는, 거룩하신 이스라엘의 하
나님'과 유사하다(Gunkel, 349-50).[33] 야곱이 신이라는 것을 증명하
기 위해서, 어떤 이는 힉소스의 왕 J'pq-hr(신, '야곱은 만족했다')를
소환하기도 했다. 그러나 이러한 독법은 불확실하다.[34] 에두하
르드 마이어(Eduard Meyer, Israeliten 267ff.)는 라가르드(Lagard)의 선례
를 따라, 아브라함을 나바테아의 신, 두샤라(Dusares)와 동일시했
으며, 이를 '두-사라', 즉 여신 '사라'의 남편으로 해석했다. 그러
나 '두샤라'라는 이름의 두 번째 구성 요소가 실제 여신의 이름
인지 아니면 단순한 지역인지 여전히 의문으로 남아있다.[35] 따
라서 만약 조상들의 일부 인물이 이제는 실종되어버린 신들이
었다 할지라도, 아브라함, 이삭, 야곱과 같은 주요 인물들에게
이러한 설명은 실행될 수 없고, 실상 야곱과 아브라함이라는 이

---

33. Eerdmans, Alttest. Studien II 10ff.. 그리고 Greßmann, ZAW XXX 7ff.;
    Holzinger, Genesis kommentar 206과 Staerk, Studien I 59ff. 등과 비교
    하라.

34. Greßmann, ZAW XXX 7의 H. Ranke를 참고하라.

35. Eerdmans II 12-13; Greßmann, ZAW XXX 5.

름은 바벨론에서 흔한 인명으로 입증된다.[36] 즉 그들은 아마도 인간 외의 다른 존재는 아니었을 것이다. 그러나 설화가 온갖 신화적인 반향으로만 가득 차 있는 것은 아니다. 오히려 그렇게 해석될 수 있는 특징은 정말 적다. 예를 들면, 요셉의 꿈, 즉 해와 달과 열한 별이 그에게 절한다는 내용(37:9)은 본래 하늘의 주에 관한 신탁이었을 것이며, 하늘에서 가장 높은 권력자에게 몸을 굽히는 것과 연관된다. 그러나 이 꿈은 나중에 요셉 사화에 삽입된 것으로 보이며(참조, Gunkel, 405), 요셉이 원래 가장 높은 하늘의 주라는 것은 전혀 알려진 바 없다. 야곱과 신적 존재와의 씨름은 종종 야곱이 반신 거인으로 여겨졌다는 식으로 해석되곤 했다(참조, Gunkel, 361). 그러나 그레스만이 보여주었듯이,[37] 인간과 악마의 투쟁도 얼마든지 이야기될 수 있었다. 또한 나 역시 이전에 좇았던 빈클러(Winckler)의 추측,[38] 곧 아브라함의 318명의 하인이 실제로 1년 동안 달이 보이는 318일이라는 주장은 상당히 불확실하다. 왜냐하면 318일이라는 숫자가 동방에서는 증명되지 않기 때문이다(참조, Gunkel, 283-84). 족장들이 인간화된 신들일 것이라는 추측은 사실상 설화들은 신화에서 발생한 것

36. 아브라함에 관해서는 Ed. Meyer, Israeliten 265-66을 참고하라. 야곱에 대해서는 Greßmann, ZAW XXX 6을 참고하라. 또한 Gunkel, LXXVI을 보라.
37. ZAW XXX 20을 참고하라. 또한 Eerdmans II 8을 보라.
38. Gesch. Isr. II 26-27.

이라는 일반적인 전제 만큼이나 오랫동안 이어져왔다. 그러나 오늘날 이 이론은 위태롭고, 연구자들은 인간에 관하여 이야기하는 '동화'(Märchen)에서 이야기의 뼈대를 확인하기 시작했고,[39] 무엇보다 족장들에게서는 사람의 모습 외에 다른 것은 발견되지 않는 쪽으로 기울고 있다. 어쨌든, 우리는 장차 창세기 설화에 대한 신화적인 해석들에 대하여 현재 우리가 아는 것보다 훨씬 더 정확한 것을 요구해야만 한다. 앞으로는 창세기의 개별 순간들을 단순히 신화적으로만 설명하는 것으로는 충분하지 않을 것이며, 우리는 전체 설화가 보존된 신화와 눈에 띄는 유사성을 지니고 있음을 보여주기를, 혹은 설화들이 본래 신화였다는 것을 분명한 방식으로 이해시켜주기를 요구해야만 할 것이다. 지금까지의 연구자들은 이에 대하여 증명해내지 못했다.[40]

39.　최근에는 Wundt, Völkerpsychologie Bd. II. Teil 3.

40.　실질적으로는 이름 어형론(Namensetymologie)으로부터 파생된 Goldziher의 오래된 이론(Mythos bei den Hebräern 1876)은 이미 사라졌다; Stucken(Astralmythen I Abraham, II Lot, III Jacob, IV Esau)은 자신의 주장을 설화들의 개별 순간을 근거로 삼음으로써, 혼란으로 가득한 전 세계의 온갖 평행들을 주워담는다. 그러나 이러한 평행들은 너무 대략적이다. 바벨론 신화에 따라 하늘에서 독수리를 타고 내려와 땅을 둘러본 에트나처럼, Stucken에 의하면 벧엘의 아브라함과 롯이 땅을 그렇게 들여다보고, 또한 그렇게 아브라함은 하늘과 소돔을 쳐다본다고 한다. 그러나 이러한 유비는 너무 빈약하다; 불확실한 토대 위에 집을 지은 Winckler(Geschichte Israels II 1900)는 특징적인 숫자를 기반으로 하여 주장을 뒷받침하려고 한다. 야곱의 네

그리고 더 나아가 이러한 설화의 신화적인 토대들을 알아내기

명의 아내는 사계절이고, 열두 아들은 열두 달이다. 레아의 일곱 아들은 일주일의 신들을 뜻하며, 베냐민의 은 300세겔은 마지막 달의 30일이며, 다섯 벌의 옷은 다섯 번의 윤일(閏日), 그리고 요셉의 옷은 다말과 이쉬타르의 옷(그리고 온갖 옷!)을 연상시킨다. 그가 물구덩이에 던져졌다는 것은 탐무즈가 지하세계로 내려간 것이다. 피를 묻힌 옷으로 바꿔치기 되고 요셉이 동물에게 잡아먹혔다고 그의 아버지가 믿은 것은, 멧돼지에 의해 죽임당한 아도니스를 상기시켜 준다. 기타 등등. Winckler(Altorient. Forschungen III 385ff.)와 그의 학파인 Erbt와 A. Jeremias는 신화적인 것들을 암시하는 듯한 '핵심어들'을 수용함으로써 그것을 토대로 하여 휘청거릴 높이의 건축물을 쌓아올렸다. 상기 내용에 더하여 전체 체계에 대한 다음과 같은 논박이 뒤따른다. 1) 창세기의 설화, 그 본래 형태에 기대되는 것은, 따지는 듯한 날카로운 총명함이나 식자층의 정신이 아니라 오히려 활력이 넘치는 민족의 신선하고 자연스러운 산물이라는 것이다. 2) 다른 모든 민간 이야기들과 마찬가지로 그것들은 본래 개별 이야기들로 존재했으며, 따라서 포괄적인 체계를 찾아서는 안 된다. 3) 그와 마찬가지로 히브리 화자가 바벨론 출처의 천문학적 사유를 익혔다는 개연성은 증명하기 어려울 정도로 낮다. 4) 달력에서 모든 신화 설명을 찾는 것이란 납득하기도 어렵고 그로테스크한 편파성을 띈다. 기타 등등. 저 동시대인들의 평범한 감각으로부터 기대할 수 있는 것은, 그와 같은 '체계'는 붕괴될 뿐이라는 것이다. Winckler에 대한 반박과 관련하여는 특히 Ed. Meyer, Israeliten 252ff., 그리고 Luther, 위 인용문, 146ff., Eerdmans II 14ff. 등을 참고하라. 또한 '동방의 세계관'에 대한 Ed. Meyer의 평가에 대해서는 Gesch. des Altertums I 22, 328-29, 529-30을 참고하고, "천상의 신화"에 대한 Wundt의 평가는 Völkerpsychologie II 3, 49ff., Stucken에 대한 평가는 II 3, 516A.1을 참고하라.

를 원하는 연구자들에게 무엇보다 우리가 가진 자료로부터 설화의 역사에 관하여 정확하게 연구할 것을 요청해야 할 것이다.[41] 즉, 미학적인 설화 분석이 선행되지 않는 연구 전체는 언제나 미결인 채 남을 것이다.

그러나 아브라함, 이삭, 야곱과 같이 본래 신화적인 토대를 갖지 않는 인물들을 실제 사람으로 여긴다 할지라도,[42] 그것이 이들이 역사적인 실제 인물이라는 의미는 전혀 아니다. 브륀힐드나 지크프리트처럼, 비록 그 이름이 분명 사람의 이름이라 할지라도, 그들이 역사적 위인일 필요가 없는 것과 마찬가지다. 그리고 이것에 반대하는 '변증가들'의 주장이 종교와 종교사에 어떤 의미를 지닐 수 있는지도 잘 모르겠다.[43] 아무리 '아브라함'이라고 불리는 한 남자가 실제로 있었다 할지라도, 설화의 역사를 아는 사람이라면, 설화가 수세기에 걸친 아브라함이라

---

41. 이 일은 너무 놀라울 정도로 지지부진하게 수행되었다. 이 부분에 대하여 지금까지 자료 비평의 결과가 제대로 사용되지 않았다.

42. Eerdmans II 5ff.., Greßmann, ZAW XXX 9도 최근에 동일한 결과에 도달했다.

43. 최근에, 적어도 아브라함의 역사성을 구출해내기 위한 시도들이 갖는 '긍정적인' 측면들이 있는데, 곧 그러한 시도가 요즈음 앗시리아학과 이집트학에 기여를 할 수밖에 없었다는 점이다. 최고의 반박은 설화 분석이다. RGG의 Abraham 항목의 참고문헌; Gunkel, 167ff., 288을 참고하라. 요셉으로 추정되는 인물의 역사성에 관하여는 Gunkel, 398ff., 439을 참고하라.

는 개인의 경건에 대한 하나의 상을 보존한다는 것이 불가능하다는 것을 확신할 것이다. 말하자면, '아브라함의 종교'는 사실상 아브라함을 통해 설화를 들려주는 이의 종교이다. 아브라함과 야곱과 같은 인물의 발생에 대해서는 그레스만이 훌륭하게 설명했다(ZAW XXX 9ff.). 가정이지만, 아마도 한 늙은 노인을 방문하는 세 신에 관한 고대 이야기가 있었을 것이다. 그러한 이야기는 분류하자면 오늘날의 '동화'와 같았을 것이다. 그리고 그 이름은 당시 가장 인기있던 이름이었을 것이다. '아브라함'이라는 이와 같은 인물에 다른 적절한 소재들이 추가되었다. 그러나 우리의 아브라함으로 나아가기 위한 결정적인 발걸음은, 이스라엘이 저 성인 인물상을 선조로 채택함으로써 이루어졌다. 원래 야곱은 사냥꾼 에서를 속이는 교활한 양치기였을 것이다. 사위를 통해서 장인을 속이는 또 다른 설화는, 두 명의 양치기가 있었기 때문에 쉽게 거기에 추가 되었다. 막내 아들을 사랑하는 노인에 대한 세 번째 설화 묶음이 이 인물에게로 옮겨가고, 막내는, 야곱을 이스라엘 민족의 선조, '이스라엘'과 동일시하던 그 때에 비로소 요셉이라 불리게 되었다. 그러므로 우리가 내린 결론은, 주요 조상들은 창작으로 이루어진 인물상이라는 것이다. 이러한 등장 인물들의 역사적 가치는 그들에 관한 설화에 묘사된 상태, 곧 이러한 이야기들이 표현하는 종교적-도덕적 사유의 역사성에 놓여있다.

제5장
야훼 신앙인(Jahvist),
엘로힘 신앙인(Elohist),
야훼-엘로힘 신앙인(Jehovist),
고대의 모음집

1. 설화의 수집은 구술전승에서 이미 시작되었다. 개별 이야기들이 서로를 어떻게 끌어들이고, 마침내 더 큰 단위의 설화 복합물을 형성했는지에 대해서는 이미 살펴본 바 있다(본서 § 3,19). 그러한 수집으로 형성된, 예를 들면 특히 야곱의 아들들에 대한 탄생 사화(29:31ff.)와 같은 연결된 단락들은 민간 설화가 아니고, 고대 화자들에 의해 만들어진 것이며, 따라서 J와 E이전에 존재했어야만 한다(참조, Gunkel, 330). 설화가 기록될 때, 이러한 수집의 과정은 진행 중인 상태였으며 고대 이야기들의 전체 전승도 편찬되고 있었다. 현재 우리가 가진 창세기가 보여주는 중심 그룹이 얼마나 구전으로부터 멀리 떨어져 있는 것인지 결정하

기란 상당히 어렵다. 그러나 이러한 그룹들, 곧 기원 사화, 조상 설화, 요셉 사화 등 그에 뒤따르는 이스라엘의 출애굽 등의 접합은 기록된 모음집의 작품에서 처음으로 존재하게 된 것처럼 보인다. 이같은 민간전승에 대한 집필 활동은 무엇보다 저술가들에게 유리하던 때에 이루어졌으며, 또한 기록을 통해서 고정시켜 놓지 않으면 구술 전통이 사라질지도 모른다고 두려워하던 때였을 것이다. 우리는, 우리가 모르는 모종의 이유로 설화 이야기꾼 집단이 사라졌다고 충분히 상상해볼 수 있다. 게다가 글자로 고정하는 것은 여전히 존재하고 있던 구술전승을 죽이는 데 한 몫 했을 것이다. 설화 기록 모음은 한 사람 혹은 한 시대에 이루어진 것이 아니라, 오히려 상당히 긴 기간 속 많은 사람에 의해 이루어진 과정이다. 우리는 이 과정에서 두 시대를 구별한다. 곧, 더욱 고대의 것으로 야훼 신앙인(Jahvisten: J)과 엘로힘 신앙인(Elohisten: E)의 모음, 그리고 더욱 후대의 것으로 제사장법전(Priesterkodex: P)에 의해 철저히 개정된 것이 그것이다. 앞에서는 사실상 J와 E로부터만 알게 된 설화들만 다루었다. 이 모든 설화 기록들에는, 이러한 설화의 기원을 포함할 뿐만 아니라, 또 다른 이야기들도 들려준다. 우리는 (빌데뵈어[Wildeboer]의 도움으로) 그것의 테마를 '야훼 백성으로 선택된 이스라엘'로 특징지을 수 있다. 그러나 여기서는 창세기와 관련되는 한도 내에서만 저것들을 다룰 것이다.

창세기의 세 개의 '자료 문서'(Quellenschriften)에 대한 이와 같은 구별은 지난 한 세기 반 동안 진행된 구약 연구의 공통된 결과이다. 현대 개신교 학문이 성서로부터 눈을 뜬 이후 특별히 창세기에 대한 비판적 질문들이 일어났다. 감탄할 만한 노력, 독창성, 천재적인 이해력이 이 일에 쏟아졌다. 그로 인해 후손들은 자부심을 가질 만한 결과를 얻게 되었다. 비록 어떤 구절들은 여전히 불분명하게 남아있다 할지라도, 많은 경우에 각 구절들이, 심지어 각 단어들까지도 저 자료 문서에 따라 결정될 수 있다. 창세기 비판의 역사의 가장 최신의 결정적인 전환은 벨하우젠에 의해 이루어졌는데, 그는 『이스라엘 역사 서설』(Prolegomena zur Geschichte Israels)에서, 창세기 자료들을 연대기적으로 결정하고 이스라엘 종교사의 전체 과정에 그것을 적용했다. 그 비판의 가장 최신 단락에서는, J, E, P자료 기록들 그 자체가 하위 자료들로 소급된다는 것이 확인되었다. 특별히 J에 대해서는 부데의 『기원 사화』(Urgeschichte)를 참고하라.[1]

---

1. 최근 Eerdmans (Alttest. Studien I, 1908)는 소위 새로운 문서설을 반박하려고 시도했다. 그는 야훼(יהוה)와 엘로힘(אלהים)의 교환이 다양한 자료들로 돌아가게 만든다는 것을 거부하고, 창세기의 많은 이야기는 다신론을 전제로 하며, 따라서 여기서 '엘로힘'(אלהים)은 복수의 신들이나, '야훼'는 그들 중 하나라고 여긴다. 특별히 그는 신명의 교환으로 인해 비평가들을 통해 잘게 나누어진 이야기들이 실상은 완전히 통일되어 있는 것이었으며, 따라서 P와 같은 자료 문서는

2. J 자료와 E 자료 그리고 그것들의 하위 자료의 문학적 종

존재한 적이 없었음을 증명하려 애쓴다. 그러나 Eerdmans가 작업할 때 사용하는 도구들은, 이 이야기들의 섬세한 예술성을 다루기에 충분하지 않다. 때때로 그는 이야기들의 통일성을 지키기 위해서, 낡은 '변증적' 속임수들에 만족하며, 단지 다양한 자료들을 모은 편집자들이 이를 어색하지 않게 수행했음을 증명해버린다. 물론 책에서의 철저한 연구들이 도처에서 눈에 띄는데, 예를 들면, 그는 16:3, 15-16과 같은 구절은 완전히 다른 문체로 쓰였으며 따로 떨어져있고, 그 딱딱한 지식층의 특성으로 인해 생생한 민간 설화로부터 강하게 구별된다는 것을 알아차렸다. Eerdmans는 또한 몇 안 되는 관찰로 자료들의 어휘 사용의 현저한 구별을 무시해버린다. 그러나 그의 고유한 자료 구분이야말로 불분명한 것으로 거부되어야 한다(Gunkel, 140, 401 등을 참고). 그런데 그는 5장, 11:10ff., 36:1-14의 부족 가계도와 같이 도식화된 단락들도, 자신의 자료를 이집트에서의 아브라함에 관한 생생한 이야기, 아브라함과 롯의 결별에 관한 이야기, 야곱과 에서에 관한 이야기와 요셉 사화의 단락들도 모두 동일한 자료로 여긴다(Gunkel, 87)! 또한 창세기부터 포로기에 이르는 이야기들이 다신론적 특성을 갖고 있으며 심지어 아모스 4:11(참조, Gunkel, 36, 71, 89)도 다신론을 전제하고 있으며, 그에 비해 신명기를 통해 처음으로 유신론 신앙이 등장했으며 설화에는 그 이후, 특별히 포로기 이후 그 힘을 얻게 되었을 것이라는 그의 종교사적 추측들은 너무 이상하다. 설화 속에서 추측되는 다신론 신앙과 유일신 신앙의 이러한 교환에 대하여 Eerdmans는 창세기 발생에 대한 기본 개념을 구축하고 자료 문서의 분열에 중요한 역할을 했던 그 풍부한 다른 언급들을 크게 간과했다. 전체적으로 Eerdmans의 시도는 실패한 것으로 여겨져야 하나 그의 연구의 두 번째 부분은 훌륭한 내용을 많이 제공한다. 개별 내용에 대해서는, 각 주해마다 있는 "자료 구분"(Quellenscheidungen)이라는 표제 아래 내용을 참고하라. 다소간의 손질이 필요하나, Eerdmans가 글을 독일어로 쓴 것에 대하여 우리는 감사해야 한다.

류를 어떻게 판단해야 할까? 가장 우선적으로 인정되는 것은, 이러한 기록물들은 구술전승을 기반으로 하며 그것들의 모음집이라는 점이다. 그러나 '모음집'은 다양하게 생각될 수 있다. 우선 다양하게 넘겨받은 자료들을 통일시키기 위해 개정하고 그의 정신을 각인시키는 법을 알던 기록자의 개성에 따라 철저히 의식적으로 이루어진 모음집이 있을 수 있다. 그리고 또한 그러한 개성적인 의도 없이 자연스레 모여졌거나, 혹은 전승된 단락들이 느슨하게 나열되어 엄격한 통일성을 보여주지 않는 모음집들도 있다. 서술한 이 두 종류의 모음집은 반드시 다르게 취급되어야 하는 것이 분명하다. 전자에 관해서 무엇보다 설명되어야 하는 것은 바로 기록자다. 후자에 관해서는 넘겨받은 소재가 설명되어야 한다. 그리고 뒤이어 자료 J와 E 그리고 그들의 하위 자료는 어떻게 평가될 수 있는가? 현재의 연구는 일반적으로 이러한 자료들 및 하위자료들 안에서 기록자의 개성을 강조하는 경향이 있다.[2] 사람들은 이러한 기록물의 다양한 진술로부터 저자들의 통일된 상을 얻으려 노력했고[3] 주로 개별 조사에

---

2. Dillmann, Kommentar zu Numeri; 특히 Ed. Meyer, Israeliten의 색인 Jahwist를 참고하라.

3. 예를 들면, Holzinger, Hexateuch 110ff., 191ff.를 참고하라. 최근 Ed. Meyer, Israeliten 108ff.에서, Luther는 J[1]라는 존재를 내세우려고 노력한다. 그는 '유목민의 이상'을 추구하는 자이다. 왜냐하면 그는 모든 제의에 반대하고 아모스(!)와 관계 있기 때문이다. 그

서 기록자들에게 집중했으나, 그들의 기록물의 특징을 모음집
으로 보는 데 소홀했다. 다른 한편으로 유의해야하는 점들이 있
다. a) 이러한 기록물들은 엄밀한 통일성을 보여주기 보다는 오
히려 매우 다른 유형의 소재들을 포괄한다. 즉, J는 개별 설화(16
장) 및 설화 묶음(아브라함-롯, 야곱-에서-라반, 요셉 등), 그리고 짧은 사
화(브니엘 설화) 및 상세히 서술하는 설화(24장), 거친 이야기(16장)
및 부드러운 이야기(37:35), 고대의 종교적, 도덕적 사화(야곱-에서
설화, 헤브론 설화) 및 후대의 종교적, 도덕적 사화(12:1ff., 15장), 그리
고 생생하고 고대의 색채가 분명한 이야기와 그것들이 완전히
퇴색해버린 이야기 등을 포괄한다. E라고 크게 다르지 않다. 예
를 들면, E는 이삭의 희생에 관한 감동적인 사화(22장)와 야곱의
씨름에 관한 고대 설화의 변형(참조, Gunkel, 359-60)을 담고 있다.
이러한 다양성은, E와 그리고 무엇보다 J의 설화는 어느 한 특
정한 시기의 성격, 즉 한 개성을 갖지 않으며, 사실상 그것들은

러나 우리는 어떤 단락으로부터 저 J¹을 도출해낼 수 있을까? 그
리고 그의 작품에서 J의 그러한 특성을 실제로 읽어낼 수 있을까?
또한 Procksch(Nordhebräisches Sagenbuch 207ff., 289ff.)는 보다 신중
하게 기록자로 J와 E의 특성을 제시한 바 있다. 해당 서적은 색인이
없기에 사용하는데 어려움이 있다. 그러한 시도에 대한 반대로는 A.
l'Houet, Psychologie des Bauerntums 259, 292을 참고하라. 그는 여기
서 '중세적' 예술 활동의 '비인격성'을 묘사한다.

수집가들이 발견하고 그들에 의해 취해진 것임을 보여준다.[4] b) J와 E의 변형들도 고려해야 한다. 한편으로 저 둘은 눈에 띌 만큼 일치한다. 예를 들면, 둘 다 브니엘 사화에서 가장 간결한, 요셉 사화에서는 가장 상세히 서술하는 문체를 따른다. 실상 저 둘이 너무 비슷하기 때문에, 후대에는 하나로 결합되어, 우리는 알아볼 수 없을 정도로 서로에게 흘러 들어간 상태다. 다른 한편으로 서로 나뉘는 지점도 있는데, E도 고대의 것으로 여겨질 때가 있긴 하나 주로 J가 고대의 것으로 여겨진다. 예를 들어, J의 조야한 하갈 사화(16장)는 눈물을 자아내는 E(21장)보다 더 오래된 것이다. 야곱의 자녀의 탄생에 관한 이야기를 J는 사랑의 열매의 마법 효과(30:14ff.)로 자유롭게 이야기하는 반면, E는 그것을 하나님의 은총의 효력으로 대체한다(30:17). 디나 설화에서 J는 자신의 아들들에 대한 야곱의 공포를, 하나님 자신이 야곱의 아들들을 보호하실 것이라는 E보다 정당하면서도 원시적으로 묘사한다(참조, Gunkel, 373). 요셉 설화에서 후대에 희미해진 J의 이스마엘인들(37:25)은 E의 미디안인들(37:28)에 비해 오래 된 것이다(참조, Gunkel, 409). 야곱의 유언에서, 단순히 자기 무덤에서

---

4. Ed. Meyer, Israeliten 105ff.에서 Luther는 반대를 주장한다. J를 전승으로부터 자유로운 기록자로 보는 것이다. 그러나 J가 실제로 마음내키는대로 이야기들을 바꾸었다면, 이야기들이 훨씬 더 균형을 이루어야만 했을 것이다!

쉬고 싶다고 말하는 J보다(47:29ff.) 훨씬 더 부드럽게 E는 야곱이
사랑하는 자 곁에 묻히길 바란다고(48:7) 이야기한다(참조, Gunkel,
471). 또한 E는 J가 말하는 그랄의 블레셋인에 대해서 알지 못한
다(21:32, 34, 26장. 참조, Gunkel, 304). E에 나타나는 가죽을 뒤집어 쓴
야곱의 속임수(27장)는 J에서 옷의 냄새로 속이는 것보다 더 순
진하다. 벧엘의 돌을 하나님의 집으로 여기는 본래의 시각이 E
에서는 울려퍼지지만, J에서는 더 이상 보이지 않는다(Gunkel,
322). E가 아니라 오직 J에서만 길르앗에서의 계약에 관한 설화
에 뒤이어 갑작스러운 이스라엘화가 나타난다(31:52; 참조, Gunkel,
352). 요셉 설화에서, 역사적 어느 시점에 사라져버린 르우벤은
후대에 J에서 잘 알려진 유다에게 적용된 것과 동일한 위치를
갖고 있다. 위에서 살핀 것처럼(본서 §4,2), 창세기에서 '야훼'라는
이름을 기피하는 E의 어휘 사용은 J에는 결여된, 더 오래된 기
억에 의존한다. 다른 한편으로, 모세 이전에는 야훼의 이름이
계속해서 기피된다는 것도 J의 방식에는 낯선 신학적 반성을 보
여준다는 것을 부인할 수 없다.[5] 쉽게 더 확인할 수 있는 이러한
관찰들은 J와 E 사이에 직접적인 문학적 관계가 없음을 보여준
다. 곧, J는 E를 베끼지 않았고, E가 J를 베끼지도 않았다. 때때

---

5. 또한 E는 모세 계시 이후에도 자주 "엘로힘"(אלהים)을 말한다는 점
    을 주목해야 한다. Proksch(Nordhebräisches Sagenbuch 197ff.)는 여기
    서 (타당하게) 일신교의 표현을 보기를 원한다.

로 두 자료가 본문상의 일치를 보일 때, 이는 전승의 뿌리로부터 설명할 필요가 있다.[6] 그러나 중요한 것은, 설화들이 이 책들로 모이는 방식을 살펴보면, 그것들이 통일된 작품이라거나 혹은 통일된 작품들을 모은 것이 아니라는 것, 즉 이는 한번에 거푸집에 부어 만든 것이나 한 장의 그림이 아닌, 역사의 과정에서 발생한 모음집들이라는 것을 알 수 있다는 점이다. 우리는 창세기의 대부분의 재료를 J로부터 얻기 때문에, 이러한 지식은 무엇보다 J의 특성에 대한 정확한 조사를 통해서 획득될 수 있다. 우리는 J의 고대 사화에서, 세 개의 자료를 구별하는데, 그 중 두 개는 본래 독립적이며, 부분적으로는 병렬적인 갈래를 제공한다. 특별히 분명하게 알 수 있는 것은, J는 두 개의 평행하는 기원 조상 가계도를 갖고 있는데 가인 부족 가계도가 전승되고 그와 나란히 5:29에 자투리로 남은 셋 부족 가계도가 있고, 통합에는 제3의 자료가 사용되었다. 제3의 자료에서 가인과 아벨에 대한 설화가 나오며, 이는 본래 선사 시대에는 전혀 이야기될 수 없었던 것이다(Gunkel, 2-3). 또한 우리는 동일하게 아브라함 사화에서도 세 개의 손길을 알아차릴 수 있다. 아브라함과 롯의

---

6.   Proksch(Nordhebräisches Sagenbuch 305ff.)와 Carpenter(Composition of the Hexa teuch 220 A. a)도 동일하게 판단한다. Ed. Meyer (Israeliten 7, 8, 9, 14, 21 등)는 반대의 판단을 내리는데, 거기서 그는 J에 대한 E의 의존을 말한다. 그러나 나는 그런 것을 창세기에서 전혀 발견하지 못한다.

운명을 다루는 설화 묶음에 다른 설화 책, 다른 단락에서 온 것들, 예를 들면 이집트의 아브라함 설화나 하갈의 도주 설화(16장) 같은 것이 삽입되었다. 제3의 손길은 소돔을 위한 아브라함의 중보기도와 같은 내용들을 덧붙였다(참조, Gunkel, 159ff.). 야곱 사화의 구성은 훨씬 더 엉켜있다(Gunkel, 291ff.). 야곱, 에서, 라반의 설화 묶음에서 각각의 제의 설화들이 설정된다. 최종적으로 야곱의 개별 아들들에 대한 설화들이 덧붙여졌다. 우리는 이러한 과정을 전체로서 개략적으로 훑어볼 수는 있으나, 각각의 개별 손길들을 구별해낼 수는 없다. 개별 기원 사화들이 느슨하게 서로 곁에 서 있는 반면에, 아브라함 사화들 및 특히 야곱-에서-라반 설화들은 상당히 강하게 하나의 통일성을 이루도록 짜여져 있다. 이러한 결합은 요셉 설화에서는 훨씬 더 견고하다(참조, Gunkel, 395ff.). 바로 이집트에서 그의 형제들과 겪은 요셉의 경험들에 대한 설화들이 하나의 잘 짜여진 완성된 전체가 구성된다. 그러나 여기에도 많은 손길이 가해졌다는 사실은, 이러한 연결을 끊는 요셉의 농업 정책 단락(47:13ff.)에서 볼 수 있다. 게다가 요셉을 다루지 않는 다말 설화(38장)나 설화가 아니라 시인 '야곱의 축복'(49장)도 후대에야 삽입된 것은 확실하다.

이러한 개요에서 알 수 있듯이, J는 통일된 작품도, 심지어 더 오래된 통일된 작품으로 거슬러 올라가는 것도 아니라, 다양한, 즉 여러 명의 손길의 협력을 통해 이루어졌다는 것이다. 비록 창세기에 희미한 흔적으로 남아있을 뿐이지만, E에서도 우리는 유사한 것을 본다. 예를 들면, 둘 다 그랄 설화(20장, 21:22ff.)에 속하지만 현재는 이스마엘 사화(21:8ff.)로 인해 찢어진 것이 있고(참조, Gunkel, 233), 또한 하나는 아브라함의 브엘세바에서 (21:22ff.), 또 다른 하나는 이삭의 브엘세바에서 파생된 이야기가 있다(참조, 46:1-3).

그러므로 문학 작품 모음의 역사는 상당히 다채로운 상을 제공한다. 그러나 우리는 그것의 아주 단편적인 부분만을 조망할 수 있을 뿐이다. 고대에는 그러한 모음집들로 구성된 하나의 온전한 문학 작품들이 있었을지 모르지만, 세 개의 공관복음이 거대한 개신교 문학의 극히 일부만 보여주듯, 우리에게 주어져 있는 것도 일부에 불과하다. 이러한 관찰의 정확성에 대한 근거 중 하나를 P의 자료가 제공한다. P는 J를 빈번히 사용하고(P는 J처럼 기원사화를 보존한다), 때때로는 E와 일치하기도 하고('밧단'이라는 이름이나, '아람인'을 라반과 연결시키는 것 등), 뿐만 아니라 완전히 새로운 전승들을 자세히 소개한다(예, 아브라함이 우르-카스딤에서 왔다는 자투리 기록이나, 막벨라 굴을 샀다는 이야기 등; 참조, Gunkel, 101, 261-62, 385, 492). 그러나 수집의 역사에 대한 하나의 전체 상을 그려내는 것에 있어서 가장 중요한 관찰은, 가장 처음에 논했던 것이다. 즉, 전체 과정은 구술전승 안에서 시작했다는 것이다. 설화를 글로 옮겼던 최초의 손길들은 이미 짝을 이루는 이야기들을 기록했던 것일지도 모른다. 그리고 또 다른 손길들은 새로운 설화들을 덧붙였을 것이다. 그렇게 전체 소재들은 점점 더 부풀어 오른다. 그리고 이와 나란히 다른 손길로 우리의 모음집 J와 E가 발생한다. J와 E는 개인기록자가 아니라 "화자 학파"(Erzählerschulen)일지도 모른다.[7] 개별 손길이 전체에 기여한 것에 대하여 상대적으로 무관심하게 대할 수밖에 없는 이유는 그것들이 개별적으로는 별 차이가 없으며, 또한 확실하게 식별되지 않기 때문이다.

3. 따라서 이 수집가들은 소재들의 주인이라기보다는 봉사자이다. 우리는 그들이 고대 이야기들에 대한 경외심으로 가득 차서, 할 수 있는 한 그것들을 좋게 재현하기 위해 애쓴 사람들이라 생각한다. 충실성은 그들의 으뜸가는 속성이었다. 그렇기 때문에 그들이 다 이해할 수 없고, 정서와는 거리가 먼, 많은 것들도 넘겨주었다. 그래서 그들은 종종 개별 이야기들의 독특한 점들을 보존하곤 했다. 예컨대, 리브가의 중매에 관한 이야기는 하란이라는 도시를 이름으로 지칭하지 않으나, J는 다른 단락에서 이 이름을 알고 있다(27:43, 28:10, 29:4; 참조, Gunkel, 255). 다른 한편으로 이러한 수집가들은, 전승받은 소재들을 변경없이 재현

---

7. Budde, Kommentar zum, Richterbuche XIV; 또한 Stade, Bibl. Theol. I 26과 Carpenter, Compositio n of the Hexateuch 192ff., 그리고 Kautzsch, Hlg. Schrift des A.T. 3. Aufl. I 3을 참고하라.

하는 일과는 거리가 멀었다. 그들은 설화들을 자신들의 정신을 지나가게 했다. 즉, 모음집의 통일된 어휘 사용이 이에 대한 가장 명확한 특징인데, 설화의 소재의 변환이 거기서 일어났다. 비록 근본 사상이 다소 모호하고(특히 기원 사화에서; 참조 Gunkel, 1, 162) 후대의 추가와 개작이 분명하게 있지만, 그럼에도 그들이 만들어낸, 그리고 그들 머리 위에 떠오른 전체 인상을 통해 채워지게 된 그 정신을 분명하게 밝혀낼 수 있다. 특별히 이미 관찰했듯(Gunkel, §4,6), 우리는 설화 소재를 영적으로 만드는 것(Vergeistlichung)을 그들의 작품으로 간주할 수 있다. 또한 만약 우리가 창세기를 다른 고대 민족의 전승들과 비교하고 창세기의 고등한 종교적, 도덕적 우월성을 인정한다면, 그들의 본성에 대한 인상도 얻을 수 있게 된다(참조, Gunkel, 9). 우리는 수집가들을 자신들의 민족을 훨씬 능가하는 자들로, 즉 설화의 수집을 통해서 위대한 작품을 만들어, 그것들을 자신들이 의도했던 이상으로 끌어올리려 했던 자들로 볼 수도 있다. 게다가 그들은 또한 많은 것을 바꾸었다. 그들은 다양한 전승들을 연결시키고(참조, Gunkel, 475, 488), 그들간 모순점들을 완화시키고(Gunkel, 368), 어떤 오래된 것들은 버리고, 어떤 것들은 은밀하게 개작했다(8:7; 참조, Gunkel, 64). 예를 들어, 전승받은 '자투리 기록'을 추가하듯, 다양한 전승을 종합함으로써 자신들의 마음에 든 모티브들을 더 상세히 설명하거나 그렇지 않으면 다양한 종류의 사화들을 새롭게 만들어냈다(참조, Gunkel, 378-79, 330). 말하자면, 오랜 세월 동안 작품에 있었던 그 설화들의 재구성 및 조정의 과정은 그들에게 서도 이어졌다. 개별 사례에서 이러한 변화들이 구술 전통에 속 하는 것인지, 수집가에게 속하는 것인지, 아니면 후대에 일어난 것인지 구별해내기란 거의 불가능에 가깝다. 이미 앞에서 여러 개작들에 대해서 논했지만, 확실한 것은 기록 전승 안에서는 이 루어졌다는 것이다. 전술한 것처럼 기록 전승에서 비로소 착수 된 일부 변경 사항에 대해서는 이미 논의했다. 일반적으로 단순 히 구술전승을 고려한 내적인 예술적 재구성과 수집가를 고려 한 생략과 추가라는 외적인 예술적 재구성을 다루는 경향이 사 람들에게 있지만, 그러한 질문은 결정적인 관심사가 될 수는 없 다. 중요한 것은 재구성의 내적 이유들을 파악하는 데 있다.

한편 일부 큰 단락들이 당시에 떨어져 나가거나 혹은 심각 하게 절단되었을 수도 있다. 예를 들면, 18:10의 단어가 보여주 듯, 헤브론 설화는 세 남자의 아브라함의 재방문을 이야기하는 속편을 암시하나, 현재는 실종되었는데, 아마도 수집가에 의해 탈락되었을 것이다(Gunkel, 199). 혹은 다른 더 큰 단락들은 기록 에서 처음으로 덧붙여지기도 했다. 예를 들면, 설화의 나머지가 아니라 민족지학적 관계를 개관하기 위한 부족 가계도가 그러 하다(22:20ff., 25:1ff.). 또한 소돔을 두고 아브라함과 하나님이 대화 하는 단락(18:23ff.)은 그 성격상 후대의 작품이다(참조, Gunkel, 203-

4). 또한 49장에서 선사 시대의 긴 시조도 후대에 설화에 덧붙여졌다.

우리는 이와 같은 수집을 통해 발생한 변경들에 대한 전체적인 상을 조망할 수 있는 능력은 없다. 그러나 수집가의 충실성에도 불구하고 몇몇 사례에서 우리는, 설화의 전체 인상은 거대한 작품들 안으로 병치됨과 또한 여러 번의 개정을 통해서 상당히 크게 변했다고는 상상해볼 수 있다. 특별히 그로 인해서 개별 설화들의 다채롭던 색상이 흐려질 수 있다. 설화의 원래의 강조점들은 다른 이야기들과의 결합을 통해서 후퇴하고(Gunkel, 176), 개별 설화들의 다양한 목소리는 이처럼 나란히 함께 세워짐으로써 평준화된다. 예를 들어, 이제는 진지한 이야기들과 결합해버린(Gunkel, 173) 시끌벅적한 내용들이 더 이상 재미있게 느껴지지 않게 된다. 고등한 종교의 정신이 저급한 것을 밀어내버린 것이다. 그렇게 본래의 색깔이 뚜렷하던 고대의 설화들은 후대의 손길로 인해 인상들이 칙칙해지고 그 상들은 심각하게 덧칠되었다. 마지막으로 강조되어야 할 것은 창세기에서 특별히 더 드러나는 수집가들의 충실성이다. 후대의 설화, 특히 종교에 대한 관심사가 더욱 적접적으로 작용한 모세에 관한 설화에서 개작들은 훨씬 더 철저했을 것이기 때문이다.

4. J학파와 E학파는 상당히 가깝다. 사실상 둘 다 그 특징이

동일한 시기에 속할 수밖에 없다. 수집가들은, 그들이 공유하는 재료들 중 주로 최신의 것들, 즉 자신들의 시대와 정서에 가장 가까운 소재들에 특별한 호의를 갖고 주시했을 것이다.

그들간의 첫 번째 차이점은 어휘 사용에 있다. 가장 대표적인 실례는 J가 모세 이전의 야훼를, E가 엘로힘을 말한다는 것이다. 또 다른 실례로, 가나안에서 귀환한 이후에 J에서 "이스라엘"로 불리는 반면에, E에서는 "야곱"으로 불리며, J는 여종을 "쉬프하"(שפחה)로 부르는 반면에 E는 "아마"(אמה)라 부르고, J는 곡식 자루를 "싸크"(שק)로 부르는 반면에 E는 "암타하트"(אמתחת)로 부른다.[8] 그러나 여기서 이와 같은 어휘 사용은 다른 흔한 경우와 달리 한 사람의 필체의 특징이라기보다, 한 집단의 특징, 즉 전경의 특징으로 간주되어야 한다. 많은 경우 우리는 단순히 어휘만으로는 두 자료 중 무엇인지를 결정할 수 없다. 두 자료의 변형들은 동일한 이야기를 제공하는데, 내용상 개별적으로 다르기에 그것을 구별짓는 특징으로 볼 수 있다. 예를 들면, J에서 이삭은 야곱에게 에서의 옷의 냄새로 인해 속는 반면에 E에서는 가죽으로 속는다. 그처럼 구별되는 이야기들은 어떤 관통하는 특징이나 단어를 갖고 있는데, J에서 요셉은 이스마엘인을 통해 이집트인 '남편'에게 팔려가지만(39:1b), E에서는 미디안인

---

8. 자료의 어휘 사용에 대한 개요에 대해서는 Holzinger, Hexateuch 1893; Carpenter, Composition of the Hexateuch (1902) 384ff.를 보라.

을 통해 '내시' 보디발에게(37:36) 팔려간다(참조, Gunkel, §3,7). 종종
이러한 특징들은 그렇게 명확하지 않다. 그러한 경우들에, 우리
는 자료의 분리에 대한 추측만 할 따름이다. 그러한 구별이 우
리를 떠나는 곳에서 두 자료의 구별은 중단된다.

　우리는 기원 사화 속에서 E의 흔적을 전혀 발견할 수 없다.
E는 기원 사화를 전혀 가져오지 않는데, 자신의 책을 오히려 조
상 아브라함으로부터 시작했을 개연성이 높다. 에두하르트 마
이어(Israeliten 238)는 E에서 민족지학적 목록 및 민족 목록의 누락
에 대하여 설명하며, E가 "J에서 제시된 것처럼, 보편적 민족사
및 세계사의 맥락에 이스라엘을 연관시킬 의도는 없었던 것 같
다"고 추측했다.

　항상 그런 것은 아니지만, 많은 경우 J의 전승은 E의 전승보
다 더 오래된 형식을 띈다. J는 생생하고, 직관적인 이야기를 갖
고 있다면, E는 이삭의 희생(22장), 이스마엘의 추방(21:8ff.), 야곱
이 손주들을 대하는 부드러움(48:10b)과 같이, 일련의 부드럽고
눈물을 자아내는 이야기들을 담고 있다. 특별히 매력적인 것은,
그들이 하나님의 계시를 어떻게 생각하는지 그와 같은 차이점
에 있다. J에게는 고대인의 심성에 맞는 하나님의 신현이 있다
면(예, 16장, 18장, 19장), E에는 그와 반대로 꿈(예, 21:3), 하늘에서의
천사의 음성(예, 21:17) 등 비감각적인 종류의 계시가 있다. 요셉
사화에서 분명하게 표현되는(50:20) 죄를 선으로 바꾸어 놓으신

하나님의 섭리에 대한 사유가 E에는 있지만 J에는 없다. 지금까지의 상당한 사례에서 볼 수 있듯 전반적으로 J가 E보다 더 오랜 것이라 주장하는 것은 타당하다.

J는 요셉 사화에서 르우벤을 유다로 대체하고, 다말 사화에서는 구체적인 유다 전승을 보존하고, 가장 오래된 거주지인 남유다에 속하는 네게브 및 후대의 헤브론에서의 아브라함에 대해서 많은 것을 말하는 것으로 보아 이 모음집은 유다에서 유행했을 것이다.[9] 반대로 E는 북이스라엘로부터 기원한다는 추측으로 기울게 만든다.[10] 실제로 이 자료에서 북이스라엘 장소들에 대한 많은 것이 이야기된다. 그러나 브엘세바에 대해서도 이야기 한다(21:32, 46:1). 게다가 E의 요셉 설화에서 이따금 요셉의 왕권이 전제되는데(37:8), 그러나 이 역시 전승으로부터 유래할 수도 있다. 어쨌든 두 모음집의 의도적인 편파성을 남왕국이나 북왕국을 위한 것이라 말하기란 어렵다. 그러기에 그것들은 너무 충실하다.[11]

---

9. 한편, Ed. Meyer, Israeliten 158에서 루터는 다른 사람들의 선례를 따라 그가 북이스라엘 사람이었다고 믿는다.

10. 최근에는 Procksch, Nordhebräisches Sagenbuch 175ff., Ed. Meyer, Israeliten 271, Carpenter, Composition of the Hexateuch 217, Cornill, Einleitung 6 48, Kautzsch 3. Aufl. I 3("kein Zweifel!") 등.

11. Erbt("Mitteilungen der Vorder as. Ges." 1904 Nr.4의 Urgesch. der Bibel)는 J와 E의 정치적 경향에 대하여 추측해본다. 즉, 저 책들은

기타 또 다른 수집가의 특성들은 창세기에서는 더 이상 주어지지 않는다. 물론 J와 E의 책에 있는 모든 내용을 신뢰할 만한 것으로 허용한다면 J와 E에 대한 구체적인 상을 그리기 훨씬 쉬울 것이다. 그러나 저들이 수집가라는 점에서 이는 금지된다.

5. J와 E의 나이에 대한 질문은 극히 까다롭다. 고대 전승의 점진적인 문서화를 다루려는 우리는 이 질문의 다음과 같은 일련의 하위 질문들로 해결해야 한다. 이 설화들은 언제 발생했나? 이 설화들은 언제 이스라엘에 알려졌나? 이 설화들은 언제 현재의 형태를 갖추게 되었나? 그것들은 언제 기록되었나? 일련의 특정한 숫자를 붙이는 것이 우리의 임무가 아니라도, 우리는 이 긴 과정을 연대기적으로 결정해야 한다.[12] 그러나 이와 같은 정신 과정이라는 것이 연대기적으로 고정시킬 수 없기 때문에 이 역시 매우 까다로운 일이다. 게다가 구약과 관련하여 이러한 질문에 가장 방해가 되는 것 중 하나가, 우리는 고대 이스

'국가 공문서들'이고 '외교적 진술'에 대한 구체적인 기원사화이다 (38장). 예를 들어, J¹의 낙원사화는 '다윗 왕국'에 특별한 관심을 갖고 있으며(40장) 바벨의 세계 지배권 주장(7장)에 반대한다는 식이다. 그러한 환상은 설화가 가진 최고의 것, 즉 정직과 결백을 빼앗는다.

12. "J와 E에 사용된 그러한 접근 방식은 문제의 복잡성을 오판한 것이다." Stade, Bibl. Theol. I 27.

라엘에 대해서 확신을 갖고 말하기에는 아는 것이 너무 적다는 점이다. 그리고 종교사의 근거들에만 기반한 구약 기록물들에 대한 또 다른 연대기적 접근방식은 우리가 오늘날 생각하는 것보다 훨씬 불확실하다. 건전함을 유지하기 위해서 여기서 우리의 비판은 거대한 발걸음을 한 걸음 더 내딛어야만 한다.

많은 설화들의 기원은, 역사적 이스라엘이 등장하기 이전 시대에 놓여있다. 이스라엘은 아브라함, 이삭, 야곱에 관한 설화의 기초를 자신들의 이주 이전부터 갖고 있었을 것이다.[13] 가나안의 부족들의 유명 소재지들과 아무런 연관이 없는 야곱의 열두 아들의 부족 가계도도 더 오래된 정황을 반영한다. 짧은 설화의 문체도 아주 오랜 것이다. '사사들'에 관한 이야기도 이미 상세히 서술하는 이야기로 기록되었기 때문이다. 가나안으로 이주 후에 다른 소재들이 밀려들어왔다. 곧, 당시 바벨론 기원 사화는 가나안인의 손을 통해 주어졌을 것이다. 대부분, 이집트로부터 온 요셉 이야기들의 소재들도 추가되었을 것이다. 땅을 소유하고 가나안의 장소에 대한 지식을 전제하는 설화들, 개정들, '자투리 기록들'은 가나안 시대로부터 유래한다. '설화'의 가장 최신판은 르우벤의 물러남(49:3-4), 유다 가문의 기원(38장), 세겜의 기습(34장), 그리고 오래된 '사사 시대'의 사건들을 다룬다.

---

13. Haller 11.

후대의 '사사 시대'에는 선조에 관한 설화는 전혀 없고, 단지 부족의 지도자들에 대한 설화가 있다(본서 §2,5). 즉, 당시에는 새로운 선조 설화가 더 이상 형성되지 않았다. 조상 설화 형성 시대는 이미 당시에(기원전 1,200년경) 끝났다.[14] 또 다른 점들을 고려해 보면 이러한 연대 설정이 옳다는 것이 증명된다. 예컨대, 낙원 사화에 추가된 것을 보면, 티그리스 서편에 '앗수르'가 있다 (2:14). 이러한 어휘 사용은, 동방에 앗시리아의 수도가 아직은 존재하지 않았던 시기, 즉 기원전 약 1,300년경으로부터 유래한 것이다. P가 전하는 내용과 별개로, 이스라엘 이전 가나안을 다스리던 히타이트인들에 대한 기억들도 존재한다(참조, Gunkel, 273). 가나안이 한 때 이집트 제국에 속했던 지방이었다는 내용이, 가나안이 함에게서 유래한다는 내용에서도 울려 퍼진다. 다른 한편으로 왕정 시대에 그토록 유명하던 예루살렘 성소는 조상 설화들에서는 전혀 나타나지 않는다. 이 성소의 건립은 제의 설화에서 다윗 시대로 옮겨간다(삼하 24장). 블레셋과의 오랜 전투, 사울의 왕권, 사울과 다윗의 다툼, 다윗과 솔로몬 아래에서의 통일 왕국, 그리고 두 왕국의 분열과 전쟁, 이 모든 것이 설화에 아무런 영향을 미치지 않는다. 저 시대에 새로운 조상 설화들이 발생할 수 없었다. 후기 역사의 영향은 선택에만 나타난다. 다

---

14. Greßmann, ZAW XXX 34에 의하면, 개별 이야기들 대부분의 발생 시기는 대략 기원전 1,300-1,000년 사이이다.

시 말해, 부족 설화들 중 특별히 선도적인 요셉과 유다의 부족에 대해서만 전하는 것이다.

설화 형성의 시대에 뒤이어 수정의 시대가 뒤따른다. 이 시기는 사실상 초기 왕정 시대이다. 당시 이스라엘이 다양한 부족들과 배경으로부터 분리되어 하나의 통일된 민족으로 재결합했을 때, 다양한 전승들은 공통의 민족 설화를 형성하기 위해 통합되었을 것이다. 최초의 왕들 아래서 이스라엘이 경험했던 거대한 도약은, 그들에게 오래되거나 넘겨받은 이야기들을 재량껏 다루고 자신들과 관련짓거나 부분적으로는 가나안에서 지역화시킬 힘을 주었을 것이다. 야곱-에서 설화(27장)는 당시 이스라엘과 에돔을 가리키는 것으로 해석되었다. 곧, 이스라엘은 한동안 에돔에게 예속되었다. 이는 다윗에게서도 일어났고, 유다는 자신의 소유를 기원전 840년경까지 붙들고 있었다. 그동안 에브라임은 므낫세를 능가했는데(48:13ff.), 이는 왕정 초기에 일어난 것으로 보인다. 요셉 설화에서 요셉의 왕권에 대한 암시가 있었으나(37:8, E자료), 그것은 후대에야 비로소 이 설화에 스며들어오게 되었다. 기원전 900년경에 시작된 끔찍한 아람인과의 전쟁은 야곱-라반 설화에 언급되지 않으나, 경계를 넘나드는 공격은 암시된다. 기원전 1,300년경까지 거주지였던 도시 앗수르는 민족 목록에 언급되지 않는다. 그러나 기원전 1,000년까지 거주지였던 니느웨는 알려져 있다(10:11). 따라서 현재 우리가 읽고 있는 설화들, 곧 이야기의 진행이 관여하고 있는 내용은 사실상 약 기원전 900년에 그렇게 일어났던 사건이라고 추측할 수 있는 것이다. 그 외의 다른 것은 입증되지 않는다. 앗시리아의 도시들에 대한 언급(10:11)은, 이은 추가 기록들이 앗시리아 시대에 속한다거나, 앗시리아가 이스라엘 사람들에게 상당히 오랫동안 알려졌다는 것을 의미하지 않는다. 그와 마찬가지로 우리는 갈라에 대한 언급으로부터도 그 어떤 것도 추론할 수 없다. 그 도시는 기원전 870년에 새로 건설되었으나, 이미 기원전 1,300년경부터 거주지이기도 했다. 라가르데(Lagarde, Mitteilungen III 226)와 슈피겔베르크(Spiegelberg, Aufenthalt Israels in Ägypten 26) 등에 의하면, 창세기 41장의 이집트식 이름들은 기원전 7세기로 가야 한다. 그러나 이 또한 확실한 단서는 아니다. 그 시기에 흔했던 이름들이 더 오래전에도 잘 알려져있었다(참조, 41:45).

대략 기원전 900년경부터 설화 속에는 새로운 정치적 암시는 없고, 이 시기에 사실상 핵심 내용들이 고정되었다 하더라도, 여러 내적인 변화를 겪었을 수도 있다. 우리는 이미 다루었던 그러한 설화의 종교적, 도덕적 변화가 일어났을 긴 시간을 가정해야만 한다. 이 기간은 설화 모음의 시대를 넘어가는 시기이자, 그와 같은 모음으로 인해 마무리되는 시기이다.

설화의 기록은 언제 이루어졌을까? 이 질문은 상당히 문제가 많다. 왜냐하면 우리는 내적 발생 근거 외에 아는 것이 없기 때문이다. 우리는 자료의 연대 설정 외의 다른 방법으로 이를 결정할 수 없다. 그러나 우리는 안타깝게도 많은 우리의 연대기적 날짜 설정과 마찬가지로 어떤 원 안에서만 움직일 수밖에 없고 거기서 밖으로 나갈 수도 없을 것이다. 연구자들은 이 지점이나 아니면 다른 곳에서라도 지나치게 확신에 찬 주장을 하기 전에 이것을 명심해야 한다. 더 나아가 수집 활동은 결코 단번에 완성된 것이 아니라 오히려 수십 년 혹은 수백 년의 긴 과정에 걸쳐서 이루어진 과정이라는 것을 기억해야만 한다. 자료들에 대한 연대를 설정하려는 질문은, 저 둘(J와 E)이 '기록물로 남은 예언'(schriftstellerischen Prophetie)과 어떤 관계를 갖느냐에 대한 것이 될 수 있다. 현재 창세기에는 이러한 예언들과 연관되는 것들이 상당히 있다. 그러나 이러한 연관성이 기록물로 남은 예언의 영향이라는 현대인의 가정은 여러모로 의심스럽다. 우리는 이스라엘의 종교에 대해서 잘 알지 못하기 때문에, 그와 같은 어떤 사유나 정서가, 우리가 현재 가지고 있는, 기록물로 남겨진 예언을 통해서야 비로소 처음으로 (즉, 아모스 시기부터) 세상에 모습을 드러냈다고 주장할 수 없다. 홍수 사화에서 보편적 죄악에 말하는 그 진지함, 아브라함의 신앙의 영광스러움은 딱히 '예언자적'인 것이 아니다. J는 언급하지 않으나 E에서는 발견되는 돌기둥들(Masseben)에 대한 수집가의 혐오(28:22), E의 설화에서는 죄로 간주되는 '황금 송아지'에 대한 반대(출 32장), 야곱-라

반 설화에서 조롱의 대상이 되는 드라빔에 대한 반대(31:30ff.) 등
을 모조리 이스라엘의 '예언자들'의 영향이라고 고집할 필요는
없다. 동일한 정서들이 이스라엘의 '예언자들'보다 훨씬 오래
전부터 존재했을 수도 있다. 게다가 '예언자들'의 출현을 이해
하기 위해서라도 이를 인정해야만 할 것이다. 게다가 E는 아브
라함을 "나비"(נביא: '예언자', 20:7)라고 부르며, 그를 예언자와 하
나님의 사람(Gottesmann)이 동일했던 시대에 살게 한다. 아모스 이
전부터 이미 "네비임"(נבאים: '예언자들')의 지위는 번성했으며, 호
세아(12:14)에서도 모세는 '예언자'라 불렸다(히브리어 성경은 호세아
12:14까지 있지만 한글 성경은 15절까지 있으며, 해당 구절은 한글 성경 기준으로
는 13절에 해당한다-역주). 따라서 J와 E가 사실상 '예언자 이전'으로
고려되는 것을 막을 길은 없다. 이에 대해서 고려해야 할 것이
몇 가지 있다. 곧, 기록물로 남은 예언들의 특징은, 이스라엘의
멸망에 대한 예고, 외국 신들 및 이스라엘의 종교적 장소들에
대한 논쟁, 또한 희생제사 및 제의적 관습들에 대한 거부 등이
다. 이와 같은 예언자들의 특징들이 J와 E의 설화에서는 발견되
지 않는다. J는 창세기에서 야훼 외의 다른 신을 전혀 생각치 않
으며, (야훼를 위해 그러나 E자료의 35:4에서) 어떤 신성한 목적으로 이
방 신들을 야곱이 떨쳐내는 것도 전혀 '예언자적'인 것이 아니
다. 적어도 이방 신들과의 투쟁은 창세기에는 전혀 언급되지 않
는다. 그리고 조상들에 의한 많은 제단과 성소들의 설립은, 그

러한 장소들에서 예배하는 것에 대하여 반대하는 예언자들의 열정적인 투쟁과 전혀 다른 소리가 울려퍼진다![15] 그러므로 이 모음집들에는 실제로 예언자적인 것이 있지 않는 반면, 오히려 반대로 예언자들이 심각하게 비난을 가했어야 하는 것들이 많이 있다. 모음집들은 특별히 예언자들이 그토록 심각하게 싸웠던 신성한 장소들에 대해 우호적인 태도를 취한다. 그것들은 예언자들에게서 끔찍한 비난의 대상이 되었던 고대의 종교와 도덕성을 편견없이 대한다. 우리는 역사서들에 대한 예언자적 가공을 통해, 합법적인 예언자 생도들이 고대의 전승을 어떻게 대했는지 알 수 있다. 예언자 생도들은 많은 이교적 요소를 포함하는 민족 설화들을 잘 가꾸기는커녕, 아예 뿌리를 뽑아버렸을 것이다! 따라서 모음집들이 사실상 기록물로 남은 예언들에 앞서며, J와 E의 이 활동하는 정신과의 조우는, 이미 아모스 오래 전부터 많은 방식으로 예언자적 정신이 존재해왔음을 보여준다고 결론내려야 한다. 여기에 또 다른 일련의 고려사항들이 뒤따른다. 아브라함의 이향 설화(12장)는 그의 믿음을 영화롭게 만들어주기도 하지만, 다른 한편으로, 전혀 끝날 것으로 보이지 않는 이스라엘의 번영을 전제하므로, 앗시리아의 위기 이전 시대로부터 기인한다고 볼 수 있다. 그리고 설화 역사의 관점으로

---

15. Ed. Meyer, Israeliten 138의 Luther는 반대한다.

볼 때, 창세기 15장이나 야곱의 아들들의 탄생 사화 등은 상당히 후대의 단락이지만 동시에 고대의 종교적 모티브를 갖고있다(참조, Gunkel, 183ff., 330). 그러나 이것이 모음집의 가장 최신의 장들이 '예언자적'이라는 의미는 아니다. 예외적인 경우는, 소돔에 대하여 하나님과 아브라함이 대화를 나누는 장면은, 그 내용상 신학적 문제를 다루는데, 형식상 예언자가 하나님과 '토론'하는 것을 모방한 것이라 볼 수 있으며, 이스라엘의 몰락에 대한 예언자의 위협이라는 배경이 또한 여기에 놓여 있다(Gunkel, 204ff.). 이스라엘의 충성에 대하여 노골적으로 불신하는 여호수아의 고별 연설(수 24장)도 역시 예언자들의 설교의 형식을 모방한 것이다. 이어지는 책들, 즉 E에는 이와 같은 내용들이 더 있을 수 있지만 창세기에서 그것들은 상당히 드물다.

따라서 우리는 저 두 개의 모음집을 예언자의 출현 이전에, 즉 J는 9세기, E는 8세기 초로 지정할 수 있다. 그러나 이러한 수치는 언제나 매우 불확실하다는 것도 강조되어야 한다.[16]

---

16. 기타 최신 추가는 다음과 같다: Carpenter, Composition of the Hexateuch, J는 기원전 850-650년(199), E는 기원전 750년 이전(222); Meinhold, Urgeschichte: J는 약 기원전 800-700년(7쪽), E는 약 기원전 750년(16), JE는 약 기원전 600년; Procksch, Nordhebräisches Sagenbuch: E는 기원전 8세기 중반 최초로 등장했으며 그 속의 가장 후대의 단락은 기원전 7세기경(178ff., 238-39); J는 약 기원전 950년(286). Stade, Bibl. Theol 27에 의하면, "J의 방식으로" 기

두 개의 모음집은 후대에 한 명의 편집자(Redaktion JE, ff. R^JE)에 의해 통합되었는데, 벨하우젠의 선례를 따라 우리는 이를 '야훼-엘로힘 신앙인'(Jehovisten)이라 칭한다. 이 두 자료의 통합은 설화 책 P가 추가되기 전에 발생했다. 우리는 이 수집가를 대략 유다 왕국 말기에 둘 수 있을 것이다. R^JE는 창세기에서 상당히 관대한 모습을 보인다. 그는 가능한 한 두 자료를 보존하고, 비록 자신이 채택한 보고와 호환되지 않은 많은 것들을 어쩔 수 없이 생략할 수밖에 없었을지라도, 그것들에게서 최대한의 훌륭한 통일성을 만들어내기 위해 엄청난 지혜를 쏟아부었다. 대체적으로 그는 그 광범위한 자료를 J의 아브라함 사화에서 찾았을 것이다. 그는 자신의 생각을 창세기에 거의 드러내지 않는다. 우리는 J와 E의 변형의 조화를 이루기 위한 짧막한 추가를 통해서 그의 펜대를 확인할 수 있지만 그것은 상대적으로 너무 적다(16:9-10, 28:21b. 31:49ff., 39:1, 41:50, 45:19, 46:1, 50:1. 그리고 34장의 몇몇 구절). 대다수는 정말 아주 짧막한 언급이다.

게다가 우리가 이 시대로 설정할 수 있고, 이 편집자나 혹은 동시대인에게서 파생했다고 볼 수 있는 소량의 추가도 있다. 그

원전 7세기경까지 쓰였다. Cornill, Einleitung 6. Aufl.: J(오래된 지층)는 약 기원전 850년(56), E는 약 기원전 750년(49); Kautzsch 3. Aufl. I 3-4: J에서 가장 오래된 지층은 "기원전 9세기 중반 직전", E는 약 기원전 750년.

것들 중 일부는 원래 본문을 조금 더 두껍게 만들어줄 얇은 선을 그려넣는다(18:17-19, 20:18, 22:15-18). 몇몇 경우에 세속적인 이야기를 영적으로 보충한 설명도 있다(13:14-17, 32:10-13). 대부분은 하나님의 말씀이다(13:14-17, 16:9-10, 18:17-19, 22:15-18, 26:3b-5, 24, 25a, 28:14, 46:3b, 32:10-13, 50:24b). 이것들은 본래의 이야기가 주려고 하지 않았던 가장 후대의 사유로서 특별히 이스라엘에 대한 장엄한 언약이다. 즉, 그들은 위대한 민족이 되고, "열국"을 소유할 수 있게 될 것이다. 그러므로 이스라엘 백성이 정복해야만 하는 모든 민족이 열거된다(15:19-21, 10:16-18). 이러한 추가는 거대한 세계적인 변화가 이스라엘의 실존을 위협하고, 신앙은 이러한 약속들을 붙들어야만 했던 시기, 즉 바벨론 시대(Chaldäerzeit)에 일어났다. 그러므로 기원전 623년 요시야 시대의 국법인 '신명기' 시대에 속하는 신명기적 사가의 어휘 사용도 곳곳에서 나타난다(18:17, 19, 26:3b-5).

제6장
제사장 법전과 최종 편집들

1. 이 자료는 그 어휘 사용과 정신으로 인해 나머지 자료들과 너무도 구별되어, 대다수의 사례에서 본문으로부터 떨어트려 놓아도 될 정도이다.[1] 더 오래된 J와 E모음집과 마찬가지로

---

1. Eerdmans(Alttest. Studien I)의 P 문서를 최근에 받아들이는 방식은 논쟁의 여지가 있다. Eerdmans는 창세기의 기록이 완전히 보존되지 않았다는 가정에 반대한다(6-7). 그러나 아무리 강한 의지가 있더라도 최후의 편집자가 모든 자료 문서를 재현할 수 없으며 때로는 무언가를 생략할 수밖에 없었다는 것은 너무도 당연하다. 게다가 Eerdmans 도 족장 사화를 매우 짧게 다루는 동일한 기록물이 17장과 23장에서는 지나치게 상세하게 되는 것을 이상하게 여긴다. 또한 여기서 그는 연대기가 목록으로 시작하고 상세히 서술하는 이야기들로 이어진다는 점을 간과한다. 그는 23장과 같은 이야기의 엄격한 일신론을 의심한다. 왜냐하면 막벨라 동굴은 "미신적인 조상 숭배" 장소였기 때문이다(8). 그리고 그는 24장이 조상 숭배를 전제한다기보다 오히려 그것과 싸운다는 사실에 주의를 기울이지 않는다. 그러나 이 기록에 사용된 어휘 사용의 통일성이 그에게 별다른 인상을 주지 못했다는 것

이것은 창세기만 포괄하는 것이 아니다. 오히려 고대 사화나 족장 사화는 이 자료에서는 모세의 입법이라는 주요 내용을 위한 짧은 준비에 불과하다. 제사장 법전이 우리에게 특별히 중요한 이유는, 구약 학계에서 지금까지 이루어진 전반적인 논의가 이것이 제공하는 진술에 기초한 것이기 때문이다. 벨하우젠(Prolegomena 6. Aufl. 293ff.)의 불멸의 공로는, 이전에는 가장 고대의 것으로 여겨졌던 이 자료의 실제 특성을 인식함으로써 과거 구약에 대한 전반적인 논의의 오류를 증명하였고, 이스라엘 종교사에 대한 생생하고 참된 역사적 이해의 장을 마련했다는 데 있다.

2. P의 문체는 너무도 독특한데, 너무도 자세하고, 사법적 명확성과 완전성을 고려하며, 언제나 동일한 표현과 형식을 따르고, 정확한 정의들(Definitionen)과 단조로운 정식들을 사용하며, 끼워맞출 것 없는 논리정연한 도식을 사용하며, 부족 가계도가 수반되며, 매장마다 소제목을 단다. 이는 전문 지식인의 산문체로, 때때로 법률 문서의 형식이기도 하다(예, 11:11, 23:17, 18). 또한 곳곳에서 엄숙한 위엄도 느껴진다(특히, 창 1장. 또한 47:7-11의 장면과 비교). 이러한 특징을 지닌 책의 냉철함과 단조로움을 느끼기 위해서는 이 자료를 한번에 잇달아 읽어야만 한다. 이 저자는 명백히

도 이해하기 어렵다. 또한 LXXXI A. 1을 참고하라.

법률을 중요시 여기고 굉장히 모범적인 인물이며, 다른 학식있는 자들의 경우처럼 그에게 시는 별다른 가치가 없다.

3. 크고 작은 소재의 선택에도 특징이 있다. 길다란 사화에서, 그가 우리에게 가져다 주는 것이라곤 창조와 홍수에 관한 이야기, 그리고 아브라함에게 주신 하나님의 계시(17장), 막벨라 굴의 구입(23장) 그리고 자투리 기록 및 부족 가계도뿐이다. 그는 단연코 더 많은 이야기에서도 단지 몇몇 짤막한 관찰만을 사용할 수 있었다. 고대의 화려하고 시적인 설화들과 P가 전달하는 빈약한 진술을 비교해보면, 그에게 중요한 것이 무엇인지 알 수 있다. 그는 고대인들처럼 이야기를 시적으로 들려주기보다, 단지 있는 사실을 붙들고자 했다. 그렇기 때문에 그는 고대 설화에 포함되어 있던 그 많던 개별적인 특색들을 더 이상 사용할 수 없었고, 자신이 볼 때 몇 안 되는 사실들만을 겨우 추려내었다. 그는 설화의 정서들을 뒤로하고, 조상들의 개인적인 삶을 더 이상 보지 않았다. 그래서 그에게서 한 때 그토록 구체적이었던 인물상이 희미해져버렸다. 고대에는 많은 설화들이 특정 장소에서 회자되고 그로 인해 생생함과 색깔을 얻었지만, P는 단지 두 장소, 조상들이 한 때 살다가 묻혔던 막벨라 굴(23장)과 하나님이 스스로를 야곱에게 계시했던 벧엘(35:6a, 11ff.)만을 안다. 그는 나머지 장소를 모두 무시한다. 다른 한편으로, 그는 우

리가 살폈듯이(§5,3), 가장 후대의 설화 전승에 추가되고 본성상 구체적인 시와 거리가 먼 부족 가계도를 가장 선호한다. 창세기 내에서 P의 상당 부분이 실상은 족보이다(5장, 10장, 11:10ff., 25:12ff., 36장).

또한 그의 상세하고 자세한 이야기들도 이러한 희미함을 보여준다. 사실 이 이야기들은 전혀 '사화'가 아니다. 막벨라 굴을 구입하는 이야기는 고대 화자에게는 간단한 자투리 기록이었을 것이다. P는 그것에서 상세한 이야기를 자아내는데, 그러나 그는 이 이야기를 '사화'로 만들어낼 수 있는 시적 능력을 갖지 못했다(참조, Gunkel, 273ff.). P가 고대 사화 대신에 가져오는 것은 '주요 사건' 내지는 '국가적 사건'으로, 이것은 이야기 된다기보다, 대화나 교섭으로 전달된다(벨하우젠, Prolegomena 6. Aufl. 338). 창조, 홍수, 아브라함의 언약 체결(17장)에 관한 이야기들은 고대 설화의 생동감 넘치는 색깔과 거리가 멀다. 구체적인 이야기 소재가 그에게는 거의 없다. 대신에 P는 거기에 다른 어떤 것, 고대 설화의 정신과는 거리가 먼, 즉 (P가 이어지는 모세의 율법에서 더욱 상세하게 설명할) 폭넓은 법률 규정(1:28ff., 9:1ff., 17:9ff.)을 제공한다. 그의 또 다른 특징은 바로 도식화이다. 질서를 중요하게 여기는 이 사람은 고대의 알록달록한 설화를 회색의 도식으로 파악함으로써 시적 향기를 잃게 만들었다(아담의 부족 가계도[5장]와 셈의 부족 가계도 [11:10ff.]를 읽어보라). 심지어 족장 사화도 하나의 도식에 가둔다.

또한 P는 설화에 상세한 연대기를 추가하는데, 그것이 그에게는 중요한 역할을 했을지는 몰라도 고대 설화의 단순성과는 너무 어울리지 않는다. 연대기는 본질적으로 설화가 아니라 역사에 속한다. 역사 해설과 설화가 장르로 존재하는 곳이라면, 비록 사람들이 의식하지는 못해도 그 둘을 구별은 할 수 있다. P에게서 발생하는 이러한 장르 혼동이 보여주는 것은, 그의 시대는 설화에 대한 자연스러움, 그리고 역사에 대한 자연스러움에 대한 감각이 사라진 시대라는 것이다. 따라서 고대의 설화에 삽입된 P의 연대기가 터무니없을 정도로 우리에게 이상하게 보이는 것은 놀랄 일은 아니다. 사라는 65세임에도 이집트인들이 매력적으로 느낄 정도로 아름다운 젊은 여성이고(참조, Gunkel, 169), 이스마엘은 16세의 청소년이지만 자기 어머니의 등에 업힌다 (Gunkel, 229 참고).

또한 P는 전체 소재에 적용하는 거대한 세계사적 시기 구분을 추가한다. 그는 창조부터 노아까지, 노아부터 아브라함까지, 아브라함부터 모세까지, 그리고 모세 이후, 이렇게 네 개의 시기를 구별한다. 각 시기는 하나님의 계시와 더불어 시작한다. 하나님의 새로운 이름은 두 번 불려진다. 그는, 창조에서는 엘로힘으로, 아브라함에게서는 엘-샤다이로, 모세에게서는 야훼로 부른다. '언약'이 체결되면 특정한 하나님의 규례가 선언된다. 맨 처음에는 인간과 동물은 식물만을 먹어야하고(1:29-30) 그리고 홍수 이후 인간은 동물을 먹을 수 있으나 인간을 죽이면 안 되고(9:3ff.), 그 다음으로 아브라함은 자신과 자신의 자녀가 할례를 받아야 했고(17:9ff.), 마지막으로 모세의 율법이 주어진다. 그리고 하나님의 특정한 축복 내지는 약속이 덧붙여지고 언약의 표징이 주어진다. 지금 우리가 확인하는 것은 세계를 포괄하는 정신의 산물, 즉 엄청난 규모의 세계사의 시작이다. 또한 그와 마찬가지로 P에서 학문적인 의의도 확인될 수 있다(창세기 1장의 창조의 구조 및 정의들에 대한 치밀함에 대해서 떠올려보라). 그러나 이 거대한 세계사가 사용하는 설화의 소재는 바로 그것과 너무도 뚜렷한 대조를 이룬다. '언약의 상징'은 무지개, 할례, 안식일이다. 얼마나 보기드문 나열인지! 그리고 이와 같이 전 세계 시간의 흐름을 계산하려는 세계사의 정신과, 원래 개별 역사로만 존재했고, 그와 같은 보편적인 관찰에 대해서는 생각조차 못했던 고대 설화의 정신은 너무도 멀리 떨어져 있다. 예를 들어, 우리는 J에서 아브라함의 종교와 그의 조상 및 부족인들의 종교의 관계에 대해서 아무것도 듣지 못한다. 그리고 또한 우리는 야훼가 처음에는 일반적인 '신'으로 그리고 보다 구체적으로 '엘-샤다이'로 그리고 마지막에야 비로소 자신의 진짜 이름을 계시했다는 P의 관찰이 유치하다는 것을 숨겨서는 안 된다. 종교사는 보편과 더불어 시작하여 구체성에 도달하는 것이 아니다. 오히려 정반대로 가장 구체적인 것으로부터 시작하여 아주 느리게 그리고 서서히 인류에 대해서, 추상적인 것에 대해서 파악한다.

4. 이 저자의 종교의 특징은, 그가 조상들의 개인적인 경건에 대해서는 거의 아무말도 하지 않는다는 점이다. 그에게는 종교의 대상만이 의미를 갖는다. 예를 들어 P에서 아브라함의 믿음의 순종에 대해서는 한 마디도 없다. 심지어 그는 아브라함이 하나님의 약속을 비웃었다고 보고하기를 부끄러워하지 않는다 (17:17). 그가 알고 있는 종교는 관습에 대한 규례들로 존재한다. 그에게 중요한 것은 안식일을 지키는 것, 할례를 행하는 것, 정해진 것만 먹고 나머지는 먹지 않는 것과 같은 것이다. 이러한 것들에 그는 굉장히 엄격하다. 그는 확고한 의지를 갖고서, 조상들이 특정한 장소에서 희생제사를 드린 이유가 그의 시대에 저 장소들이 거룩하게 여겨졌기 때문이라고 이야기 하지 않는다. 그와 마찬가지로 홍수 사화에서 정한 짐승과 부정한 짐승을 구별하지 않는다. 그의 견해에 의하면, 합법적인 예배 및 정함과 부정함의 구별은 모세 시대에야 비로소 존재한다. 여기서 우리는 예루살렘의 제사장의 목소리를 듣는다. 그의 이론에 의하면 오로지 성소에서의 예배만이 합법적이며 그것은 모세의 율법을 따르는 예배의 연속이다. (현대식으로 표현하자면, 그의 작품의 근본 사상인) 이스라엘의 신정국가됨은 세계를 그 목적으로 삼는다. 하나님은, 예루살렘 성전에서 하나님의 법과 명령이 나타나게

하기 위해서 세계를 창조하셨다.

P의 신현도 독특하다. 그는 단지 하나님이 나타나셨고, 말씀하셨고, 그리고 다시 올라가셨다고만 말한다(예, 17장). 그는 나머지를 생략한다. 곧, 여기서 J, E의 가장 후대 추가의 문체를 따른다. 거기에도 동일하게 별다른 도입없이 시작되는 하나님의 연설이 포함되어 있다. 초월적인 하나님을 세상의 사물과 엮는 것에 대한 P의 종교적 거부는 분명하게 표현된다. 왜냐하면 그는 마치 이러한 신현들의 이교도적 기원을 감지라도 한 것처럼, 곳곳에 있는 천사들도 다신론적 표상들로부터 기원한 것이라 의심하며 근절시켰기 때문이다(Gunkel, 111 비교). 동시에 그의 적극적인 관심사도 알아차릴 수 있다. 하나님의 계시의 내용이 그에게 중요할 뿐 '어떻게' 전달되는지는 중요하지 않다. 이는 사화에 대하여 무관심한, 완고한 정통(Orthodoxie)의 정신이다. 그러므로 그가 하나님의 연설을 언약 체결로 생각하는 것은 결코 우연이 아니다. 그는 이러한 원래의 법적 형식에 익숙하다. 언뜻 보기에 기이한 제사장, 학자, 무엇보다 법률가의 결합은 실상은 매우 자연스러운 것이다. 많은 고대 민족에게 제사장은 지식, 특별히 법률에 대한 지식의 수호자였다. 그것은 이스라엘에서도 마찬가지였다. 이스라엘에서 제사장들은 고대 시기부터 어려운 일들을 처리하는 의무를 졌다. (많은 단락에서 분명하게 드러나는데) 계약 문서 작성에서 P는 자기만의 문체를 구상했다.

P의 눈에 띄는 특징은, 조상 설화들이 보여주듯 한때 고대 종교에 그토록 중요한 의미를 지녔던 거룩한 상징들에 대해서 아무말도 하지 않는다는 것이다. 기념비, 나무, 작은 숲, 분수 등 고대 설화에서 신성한 존재가 나타났던 그곳들에 대해서 P에서는 더 이상 읽을 수 없다. P는 이러한 모든 소재를 설화에서 버렸다. 그 이유는 명백하다. 그가 그것들을 이교적인 것이라 여겼기 때문이다. 여기서 예언자들의 지독한 논쟁술의 여파를 확인한다. 요시야의 '종교개혁'에서 벧엘의 고대 성소를 이교적인 것으로 여기고, 이교의 아류로 기억될 만한 모든 것을 설화에서 내던져버린 그것과 동일한 정신이다. 단언컨대, P에서의 신에 대한 표상은 고대 설화의 것보다 훨씬 고상하고 발전된 것이다. 그럼에도 불구하고 P는 아직 예루살렘의 성전중심주의(Kirchlichkeit)를 알지 못하고, 다만 경건이 무엇인지 아는 고대인들 가운데 서 있다. P의 특성에 있어서 최고의 면모는 특별히 그 유명한 창조에 관한 독특한 이야기에서 드러난다(Gunkel, 116ff. 참고). 여기서 P의 문체는 그 냉철한 정의들과 분류에도 불구하고 엄숙한 위엄을 지닌다. 그리고 P의 이 이야기에서 고전적으로 표현되었던, 또한 다른 창조 신화들, 특별히 바벨론 창조신화에서 표현되는 것과는 매우 강하게 구별되는 초자연적 신 개념은 이 장(P의 창조 이야기—역주)을 계시의 역사 속의 하나의 이정표로 만들어준다.

종교와 마찬가지로 P의 족장들의 도덕성도 그와 같이 정화
된다. 즉 여기서도 P는 J와 E에서 진행되던 발전의 마지막 단계
로서 나타난다. 가장 오래된 조상 설화들, 가장 오래된 민족들
의 표현들은, 후세대가 죄와 수치로 간주해야만 훌륭한 사람이
될 수 있는 것들을 많이 포함한다. 그런데 바로 저 조상들은 후
세대가 죄와 수치로 간주해야 할 것들을 경건과 미덕의 유형으
로 믿었던 시대를 살았다. 가장 거리끼는 것을 없애기 위해서
어떤 노력을 기울여야만 했을지! P가 드디어 마침내 전체를 정
리한다. 곧, 그는 거리끼는 것을 쉽게 배제시켜버린다(예, 아브라함
과 롯의 목자간 다툼, 롯의 사리사욕, 이스마엘의 추방, 야곱의 사기 행각 등). 그
는 여기서 감히 전승에 정반대되는 주장을 감행한다. 이스마엘
과 이삭은 사이좋게 자신의 아버지를 장사지냈고(25:9), 야곱과
에서도 그러했다(35:29)는 것이다. 그는 자신이 받아들일 수 없는
사실에 대해서 다른 동기를 부여하는 방법을 알았다. 그래서 그
는 이삭이 야곱을 축복하는 것에 대해서, 에서가 잘못을 저질렀
다고 설명하며(26:34-35, 28:1ff.), 또한 요셉이 저지른 죄악을 빌하
와 실바의 아들들에게로 돌려버린다(37:2).

5. 이 모든 것으로부터 알 수 있는 것은 P는 자신이 발견한
전통을 자기가 볼 때 옳다는 방식으로 임의로 바꾸었다는 것이
다. 그는 낡은 전승들을 버리거나 혹은 자기 생각에 따라 그것

들을 변경했다. 그는 자투리 기록을 전체 이야기에 적용하고 또한 전체 이야기에서 자투리 기록만을 취했다. 그는 다양한 설화의 모티브들을 혼합했다. 예를 들어, 그는 야곱을 향한 이삭의 축복을 아브라함의 축복으로 알았다는 식으로 주장하는데, 이는 고대 화자들이 전혀 생각지도 못했던 것이었다(28:4, 다른 실례들은 Gunkel, 262, 271, 385을 참고). 옛부터 전해오는 전승들을 이와 같이 느슨하게 나란히 병치시킴으로써, 그는 빠짐없이 연결되어 종횡무진(이는 후대의 특징이기도 하다)하는 하나의 이야기를 만들어 냈다. 그는 설화 대신에 규칙적인 제목과 더불어 자신의 장을 진행한다. 그러므로 이 화자가 고대인의 충실성을 알 턱이 없다. 그는 하나님께 합당한 건물을 세우기 위해 여기서 열정적인 노력을 해야한다는 인상을 받았을 것이다. 고대의 J와 E는 사실상 '저술가'가 아니라 수집가였으나, P는 그야말로 '저술가'이다. 그는 넘겨받은 벽돌들을 그저 대충 쌓아올리긴 했으나, 자신의 미적 감각에 맞는 하나의 규격에 따른 건물을 지었다. 그럼에도 만약 그가 창세기에 자신의 진술을 지어 삽입했다고 생각한다면 오산이다. 그렇게 하기에는 전승 그 자체가 너무 견고했다. 오히려 그는 상당히 강제적이긴 하나 소재들을 개작하기만 했다. 가끔 개별적인 내용들 속에서 그가 전혀 흥미를 갖지 않았던 문제에 대해서는, 그가 사건의 흐름 속에서 그 자료를 따랐음을 확인할 수 있다(Gunkel, 151-52). 따라서 이런 P에서만 발견되는 진술들을 그저 배척하기보다, P가 자신의 자료로 그러한 진술들을 이끌어냈을 가능성을 고려해야만 한다. 그러나 이러한 자료들은 (적어도 창세기에서는) J나 E 그 자체가 아니라 그것들과 모종의 관계가 있는 것일 것이다(참조, Gunkel, 101, 261-62, 385, 492).

6. 지금까지의 서술에 따르면 P의 시간대는 명확하다. 그는 전체 전승사의 끝부분과 관계 있으며, J 및 E와는 시간상 큰 틈으로 분명하게 분리되어 있다. 곧, 고대의 수집가 J와 E가 퍼내었던 생생했던 설화들은, P가 자신의 역사 구성을 위해 압력을 가할 수 있었던 때에 죽을 수밖에 없었다. 그리고 그동안 엄청난 정신 혁명(고대 설화 속에 자리잡고 있던 민족성을 대신하여 완전히 새로운 무언가를 창조해낸 혁명)이 일어나야만 했다. P는 고대의 전승을 의식적으로 멀리 했으며, 조상들이 했던 것과는 다른 종교의 기초를 놓아야만 한다고 믿었던 시대의 문서이다. 그리고 당시 지배적인 힘을 얻게 된 이와 같은 새로운 종류도 P를 통해서 우리에게 명확하게 알려진다. 즉, 여기서 문자화된 것은 바로 학식있는 제사장의 정신이다. 게다가 P의 전체 특징은, P가 여기서 다루고 있는 작품은 어떤 방향을 겨냥하는 개인이 아니라, 오히려 그가 표현하는 신념을 보유하는 어느 한 거대한 집단과 관계되어 있다는 것이다. 즉, P의 저술은 공식 발표문이다. P가 공표한

것은 다름아닌 예루살렘의 제사장 직분에 관한 것이다. 그로부터 '제사장 법전'(Priesterkodex)이라는 탁월한 명칭이 주어지게 된다. 우리는 벨하우젠 덕분에 그 이후로 이 정신이 속한 시대에 대해서 알게 되었다. 이 시기는 유다 민족과 국가에 대재앙이 닥친 직후로서, 그 민족은 자신들의 이해할 수 없는 불행에 큰 충격을 받았고, 또한 자신들의 조상이 죄를 지었고 큰 종교적 쇄신이 필요하다고 보았다. 이 기간이라면, 왜 P가 자신의 민족 이전의 거룩한 전통들에 대해 경외감을 갖지 않았는지 이해할 만하다. 또한 당시의 모든 다른 권위자들이 무너지거나 사라진 후, 제사장직이 홀로 서서 민족을 장악했음은 우리에게 익히 알려져 있는 바이다. 말하자면, 유다 공동체는 성전 재건 후 제사장의 지배를 받았다. 독창적으로 발달된 역사에 대한 P의 지식도 이 시기에 속한다. 그보다 예전 시기에도 훌륭한 역사 이야기꾼이 있었지만, 학식을 갖추어 역사를 기록했던 사람을 길러내진 못했다. 바벨론 포로기 동안, 유다의 역사 서술은 자신의 순진무구함을 잃어버렸다. 우수한 바벨론 문화의 엄청난 영향으로, 유대교도 숫자와 측량의 정확한 산정의 중요성을 배웠다. 이제 통계 산정에 큰 주의를 기울이게 되었고, 족보 목록을 복사하고, 실제 문서들을 기록보관소에서 찾아내고, 연대기적으로 계산하며, 심지어 바벨론의 모델을 따라서 세계사를 발전시켰다. 그와 동일한 연대기가 에스겔, 학개, 스가랴에도 강조된

다. 그와 동일한 역사적 지식과 특별히 부족 가계도를 에스라,
느헤미야, 역대기에서도 본다. P에서 발견되는 달의 셈법은 이
시기에 유대교로 건너온 것이다. 이러한 박식함의 산물이 때때
로 우리에게 충분치 않아 보여도, 이전의 순진무구함을 넘어서
는 식자층의 정신에서 묘사되는 진보만큼은 명명백백하다. P에
서 제공되는 것과 비슷한 그와 같은 최초의 거대한 역사 구성들
은 부분적으로는 신화적 혹은 설화의 소재들과 더불어 구성되
며, 따라서 오늘날 우리가 사용하는 개념에 부족할지라도, 이는
'세계사'라는 것을 처음 시작 하는 단계에서는 전형적인 것이다
(P를 베로수스[Berosus]와 비교해보라).

　P에서 나타나는 안식일 준수, 피의 금지, 할례 시행에 대한
강조는, 이 시기라면 이해할 만하다. 모든 것을 개인의 자발성
에만 의존하던 시대에는 개인이 의무로 지켜야 하는 종교적 계
명이 강조된다. 물론, 언제나 '나그네'(게림)로 표상되고, 희생제
사나 제의 명령이 주어질 수 없었던 족장들의 경건함은, 바벨론
포로기의 경건을 반영한다고 말할 수 있다. 왜냐하면 이방 땅에
서는 성전도, 희생제사도 가질 수 없었기 때문이다. 타종교인들
과의 결혼, 특별히 아브라함의 축복에 참여를 박탈당한(28:1-9)
가나안 여인과의 결혼에 대한 P의 종교적 평가는, 자기 민족의
가계도를 모으는 열정과 더불어 이교도들 가운데 흩어져 살던
시기, 곧 자신의 형통과 종교를 순수하게 유지하는 것 이외에는

다른 노력을 할 수 없었던 시기와 연결된다.

그러나 우리가 창세기에서 취한 이와 같은 증거들보다 더 많은 특징들은 다른 단락들, 곧 이어지는 책들의 법률적인 부분에서 흘러나온다. 끝으로, 이 논증들에 P의 어휘 사용의 후대 기원이 추가된다.[2] 즉, P의 연대를 포로기로 산정하는 것은 비평의 가장 안전한 결론 중 하나이다. 물론 우리는 P가 정확히 몇 세기에 쓰였는지 이 지점에서 무시할 수도 있다. 그러나 많은 연구자의 견해에 따라, P는 기원전 444년에 공동체가 의무로 따라야만 했던 에스라의 율법서 및 에스라가 어떤 식으로든 관여하여 작성했던 것이라고 말할 수 있을지도 모르겠다. 그러므로 우리는 약 기원전 500년에서 444년 사이에 이 책의 초안이 작성되었다고 생각해볼 수 있다. 아울러 P도 역시 단번에 완성되지 않았지만, 그것이 창세기에 그렇게 중요한 것은 아니다.

7. 더 오랜 작품 J, E와 P를 하나로 결합한 최후의 편집자(R^JEP)는 아마도 에스라 시대 이후, 그리고 함께 오경을 넘겨받은 '사마리아' 공동체가 갈라져 나오기 이전에 속할 것이다. 그러한 옛 것과 새 것의 모음집이 이런 식으로만 통합될 수밖에 없다는

---

2. Wellhausen, Prolegomena 6. Aufl. 385ff.; Ryssel, De elohistae pentateuchici sermone 1878; Giesebrecht ZA W I 177ff.; Driver, Journal of Philology 1882, 201ff..

사실은, 고대의 설화가 이미 마음 깊이 뿌리내려서 새로운 정신을 통해서만이 그것이 근절될 수 있음을 보여준다. 시간이 지나면서 엄청난 역사의 폭풍들이 고대의 성소들을 몰아내었다. 이 시대의 사람들에게는 모든 과거가 죄로 보였다. 그럼에도 불구하고 이러한 장소들을 영화롭게 했던, 그리고 그토록 옛 시대를 편견없이 반영했던 고대 이야기들은 그저 파괴될 수 없었다. 고대성을 몰아내려는 P의 시도는 실패했다. 그리고 어떤 한 경건한 손길이 JE와 P의 통일을 만들어냈다. 이 최후의 수집은 비범한 충실성, 특별히 P에 대한 충실성으로 이루어졌다. 이것의 편찬자는 P의 아주 작은 부분조차도 땅에 떨어트리고 싶어하지 않았다. 그가 P를 JE보다 선호했음을 원망할 필요는 없다. 곧, 그때부터 P는 유대교를 장악했다. 특별히 그 편집자는 P의 연대기를 J와 E의 이야기들의 액자로 사용했다. 우리는 창세기의 몇 안 되는 부분에서 확신을 갖고 그의 작업을 유추해낼 수 있다. 곧, 조화를 이루기 위한 간략한 주석이나 보충설명이 있다(10:24, 15:7-8, 15, 27:46, 35:13-14). 그리고 가벼운 추가 수정이 있다(6:7, 7:7, 22-23, 7:3a, 8-9). 그리고 아브람을 아브라함과, 사래를 사라와 구별하는 것은 J와 E에도 있다.

8. 대체로 이와 더불어 편집자의 창세기 작업은 완료된다. 그러나 텍스트에 대한 작업(이른바 마무리 손질[Diaskeuase])은 개별적

으로 계속된다. 우리는 창세기 34장에서와 부족 가계도에서 약
간의 개작들을 발견하는데, 해당 부분의 유대 본문, 사마리아
본문, 그리스어 번역 본문은 조금씩 다 다르다. 또한 36장과
46:8-27에는 더 큰 개정 작업이 있었다. 최후의 주요 첨가는, 네
왕에 대한 아브라함의 승리에 관한 이야기로서, 이는 후대의
'미드라쉬'적인 전설에 속한다.

9. 창세기는 이처럼 많은 자료가 합쳐진 것이다. 창세기는
현재 이 최후의 형태로만 남아있다. 이 형식으로 존재하는 고대
설화들은 모든 후세대에게 이루 말할 수 없는 영향을 미쳤다.
각각의 사화들로부터 그야말로 진정한 '이스라엘 민족 서사
시'(israelitisches Nationalepos)라는 하나의 거대한 완성된 전체를 만들
어낼 최후의 천재 시인이 없었음을 아쉬워 할 수도 있다. 이스
라엘은 자신의 민족의 흩어진 전승들을 종교적인 정신으로 하
나의 포괄적인 통일을 창출해낸 위대한 종교개혁자들을 배출해
냈으나 호메로스를 길러내진 못했다. 하지만 이는 우리의 연구
에는 참으로 행운이었다. 왜냐하면 사실상 각각의 단락들이 서
로 곁에서 완전히 녹아들지 않았기 때문에 우리는 그 전체 과정
의 역사를 인식할 수 있었기 때문이다. 이러한 이유로 설화 연
구자들은 지금까지와는 완전히 다른 방식으로 창세기에 대한
자신의 연구를 수행해야만 한다. 그리고 신학자들은 설화 연구,

특별히 설화 분석 없이는 창세기를 결코 이해할 수 없음에 익숙해져야만 한다.

10. 마지막으로 한 마디 덧붙이자면, 창세기가 어떻게 모세의 작품으로 여겨지는 그와 같은 과분한 영광을 얻게 되었을까? 고대부터 이스라엘 안에는 제사장의 입에서 선포된 종교의식, 법률, 관습에 대한 신성한 교훈은 모세로부터 기원한 것이라는 전통이 존재했다. 설화 모음 곁에 나란한 우리의 오경도 다양한 시기와 다양한 정신으로부터 유래한, 법적인 내용들을 담은 책으로 존재한다. 한 권의 책에 설화와 법률, 이 두 가지를 가까이 합치는 것이 가능했던 이유는 출애굽 당시의 설화들이 주로 모세와 관련되어 있었기 때문이다. 그래서 창세기는 바로 그 작품의 첫 번째 부분이 되고, 나머지 부분들에는 주로 모세에 관하여 이야기하며 또한 모세로부터 기인했다고 간주되는 많은 율법이 담겨있다. 그러나 내용상 창세기는 모세와는 아무런 연관이 없다. 곧, 전승에 의해 모세여야만 하는, 몹시도 분노하는 타이탄의 불의 정신(Feuergeist)과 재치가 넘치고 유순함이 있는 자들에게 속하는 이러한 이야기들의 정신은 거대한 틈에 의해 서로 나뉘어진다. 그러므로 창세기를 편견없이 읽는 사람이라면 그 누구도 그것들이 모세에 의해 편찬되었다고 생각할 수 없을 것이다.

11. 정경에서 '토라' 혹은 '오경'이라는 전체 작품은 다섯 권의 책으로 나뉘어져 있으며 그중 첫 번째는 랍비들에 의해서 첫 번째 단어 "베레쉬트"(태초에)로 불리며, 그리스어 번역인 '셉투아긴타'에서 첫 번째 이야기는 "게네시스", 즉 세계 창조라 불린다.[3]

12. 끝으로, 창세기가 기록하고 있는 전체 역사를 조망한다면, 우리는 그것이 가히 전체 이스라엘 종교사의 요약이라 불릴 만하다는 것을 깨닫게 된다. 게다가 창세기의 내적 다양성으로 인해 놀라울 만한 인상을 받게 된다. 인간 정신의 최고의 창작물들과도 창세기를 견줄 만하다. 이를테면, 많은 세대의 정신을 그 외양과 장식으로 표현해낸 웅장한 성당이라든지, 혹은 수세기 동안 이어진 국가라든지, 혹은 인간의 삶을 압도적으로 표현해낸 『파우스트』라든지. 이 위대한 창작물들은 단기간 내에 만들어진 결과물이 아니기 때문에 자체적으로 통일성을 갖추고 있지 않다. 그럼에도 불구하고 우리는 이러한 모습들에서 모든 다양성을 총괄하는 내적 통일성을 감지한다. 곧, 성당을 건축한 민족이나 국가를 지탱하는 민족이나 동일하다. 그러나 이 결론

---

3.   이러한 명칭에 관하여는 Holzinger, Hexateuch 1ff. 및 서론을 참고하라.

에 도달한 경건한 관찰자가 이스라엘 종교사의 다양성 내에서
의 통일성을 하나님의 섭리로 인식한다면, 그에게는 하나님이
면 옛날에는 어린아이 대하듯 말씀하시다가 이후에는 성인 대
성인으로 말씀하셨다는 사실이 부인될 수는 없을 것이다.